Hans Peter Soltermann

Kulinarische Streifzüge durch das Tessin

Mit 72 Rezepten,
exklusiv fotografiert
für dieses Buch
von
Hans Joachim Döbbelin

SIGLOCH EDITION

Inhalt

Zur Abbildung auf Seite 2: Öffentliches Risottokochen in mächtigen Kesseln ist ein wesentlicher Bestandteil des Tessiner Karnevals. Spielt dann noch das Wetter mit wie am Ufer des Lago Maggiore in Ascona, so verbinden sich landschaftliche und kulinarische Genüsse auf ideale Weise.
Rechts: Rossura in der Leventina ist einer von zahlreichen alten Orten, die einige hundert Meter über dem Talgrund fernab des Verkehrs auf der Gotthardstrecke ruhige, sonnige Erholung und herrliche Kulturdenkmäler bieten. Wanderer auf dem beliebten Höhenweg Strada alta schätzen dies und nehmen sich am besten zwei oder drei Tage Zeit.

Tessin – Annäherung von Norden

Ist der Sankt Gotthard über den Pass oder durch einen der Tunnels erst einmal überwunden, dann befinden wir uns in einer neuen Schweiz – dem Sonnenkanton Ticino. Betörend der oft schlagartige Wetterwechsel von regnerisch-kühl zu mild-sonnig auf diese kurze Entfernung. Und hier klingt die melodiöse Sprache Dantes.

Italienische Leichtigkeit plus Schweizer Präzision, begehrtes Nahziel wärmehungriger «Nordländer», Finanz- und Handelsplatz von internationaler Bedeutung – doch auch fast entvölkerte Gebirgstäler, immer stärker bebaute Ufer und Hänge an den beiden grossen Seen Lago Maggiore/Langensee und Ceresio/Luganer See, jede Menge Zweitwohnsitze, Transitkanton – dies sind nur einige Schlagworte, Klischees, in denen ein wahrer Kern steckt.

Das Tessin übt unwiderstehliche Reize aus. Wo sonst noch sind es von eisgepanzerten Dreitausendern bis zu subtropisch verwöhnten Seeufern gerade eben dreissig, vierzig Kilometer? Wo sind die Gegensätze derart krass zwischen engen, abgeschiedenen, eher kargen Tälern im Urgestein und quirligen, weiter wachsenden Stadtgebilden mit internationalem Flair in einer grossen Gartenlandschaft? In den Gärten stehen Palmen und Agaven, in der Stube hängt neben dem offenen Kamin die Gitarre.

Durch grosse Literaten – genannt seien nur Johann Wolfgang von Goethe, Jean Paul und Hermann Hesse – wurde das Sehnsuchtsziel Tessin nördlich der Alpen schon Ende des 18. Jahrhunderts bekannt gemacht, ähnlich wie Italien. Die Begeisterung hielt sich bis heute, wenn auch abgeschwächt. Aber erst die Eröffnung des Gotthard-Bahntunnels 1882 hat das Tessin der Schweiz richtig nahe gerückt und zunehmend dem Tourismus erschlossen. Zunächst sahen auch Orte in der Leventina viele Mailänder und Luganeser per Bahn nordwärts in die Sommerfrische ziehen. Parallel dazu setzte eine Bewegung mittel- und nordeuropäischer Touristen nach Süden an die grossen Seen ein. Die dort schnell entwikkelte Hotellerie behielt ihren Glanz und ihre Anziehungskraft bis heute bei. Und manche Plätze wie Hermann Hesses langjährige Wirkungsstätte in Montagnola oder Muralto, wo Paul Klee starb, sind heute Ziele für eine Art Elitetourismus.

Seit alters Waren- und Kulturaustausch

Handel bildete schon immer die Erwerbsgrundlage entlang der alten transalpinen Wege. Seit dem 13. Jahrhundert führte über den Sankt Gotthard ein Saumweg. Entsprechend gross war seine Bedeutung für den Warenverkehr und die daran hängenden Arbeitsplätze. Und stets nahmen auch Einflüsse von aussen breiten Raum in der Kultur- und Kunstgeschichte des Tessins ein. Namentlich die Stile der nahen Lombardei haben sich an manchen Bauten in und über Tessiner Gebirgstälern klarer dokumentieren können als im Ursprungsgebiet selbst. Umgekehrt gab es vom 16. bis zum 19. Jahrhundert eine geradezu phänomenale Ausbreitung bedeutender Baumeister und Künstler aus dem Tessin in alle damaligen Macht- und Kulturzentren wie Rom, Moskau, Petersburg, Wien und andere mehr.

Bis heute eine Welt für sich ist die meist karge Natur der Tessiner Gebirgstäler. Doch die von der herkömmlichen Landwirtschaft massvoll gestaltete Landschaft – im Valle di Blenio, das zum Lukmanierpass führt – entfaltet grosse Reize.

Diese prominenten und viele, viele andere Tessiner zogen aber niemals ganz freiwillig in alle Welt. Zu wenig fruchtbarer Boden und eine im späten 19. Jahrhundert nur bescheidene Industrialisierung zwangen stets dazu, die Lebensgrundlagen in der Ferne zu suchen, und veranlassten sogar Zehntausende bis in die Jahre um 1930, bis nach Übersee auszuwandern.

Kleine Küchengeschichte

Die ursprünglich eher kärglichen Lebensbedingungen waren der Grund, daß sich die alltägliche traditionelle Tessiner Küche früher auf wenige heimische Grundzutaten beschränkte: Hirse, Buchweizen, Gerste, Hülsenfrüchte, Kastanien, Milchprodukte und Pilze. Im 18. Jahrhundert kamen Kartoffeln, im 19. Mais, Tomaten und verschiedene Gemüse sowie im 20. Teigwaren hinzu. Wild, Fleisch vom Schwein und Kalb, Fisch abseits der Seen und heute übliches Gemüse und Obst waren früher für die breite Bevölkerung seltene Kostbarkeiten.

Heute wird hier nach italienischem Muster gekocht, aber immer wieder heimatlich aufgerundet. Die feinen Küchengewürze wie Lorbeer, Salbei und Rosmarin kommen zu hohen Ehren. Das Olivenöl wird oft der Butter vorgezogen. So gelten denn auch *ravioli con pomodoro,* Ravioli mit Tomatensauce, *ossobuco,* Kalbshaxen in dunkler Rotweinsauce, und vor allem *fritto misto alla ticinese,* gemischtes Ausgebackenes vom Fisch, Fleisch und Gemüse, als Paradegänge erster Ordnung. Die dottergelbe *polenta,* der gut gerührte Maisbrei, ist eine volkstümliche Speise. Hier wird sie herrlich zubereitet und sogar zur fürstlichen Tafel, wenn noch feines Geflügelragout beigegeben wird. Der schmale, grüne Feldspargel ist, wenn seine Erntezeit kommt, begleitet von frischem Ei fast schon ein Obligatorium.

Die Tessiner Seen sind reich an Fisch. Ein Blick auf die Marktstände überzeugt hiervon. Fette Seeforellen, Äschen, Egli, Aale und Weissfische sind die Netzbeute. Auch die flinken, kleinen Bachforellen oder eine Wurstplatte als Antipasto oder Vespermahlzeit, serviert auf dem Granittisch eines Grotto, sind kulinarisch echte Tessiner Eindrücke.

In den Tessiner Voralpen lebt ein kleines, halbwildes, schwarzes Schweinchen. Es ernährt sich von fetten Wurzeln, die es aus dem Boden scharrt, von Kräutern und Kastanien. Das Fleisch dieses Tieres ergibt hervorragende, würzige Wurstfüllungen. Ebenso herzhaft ist die *Busecca,* die Kuttelsuppe, die oft ein richtiges Tessiner Menü eröffnet. Dies ist auch mit einer *minestra,* einer Fleischbouillon, gut möglich oder mit einer *zuppa di melanzane,* einer Auberginensuppe, dazu kräftig *parmigiano,* Parmesan, oder Sbrinz frisch gerieben.

Als Nachspeise kommt der milde Käse aus Piora auf den Tisch oder die schäumende, aromatische *zabaione,* die Weinschaumcreme. Mit einer Tranche *torta di pane,* der Brottorte, oder *panettone,* dem Milaneser Hefenapfkuchen – dazu einen stark gebrauten Kaffee und vielleicht ein Gläschen *grappa,* Tresterbranntwein – wird der mundige Opfergang einer Tessiner Mahlzeit vollendet.

Was auf den Märkten feilgeboten wird, spiegelt die unterschiedlichen Einflüsse auf die Tessiner Küche wider: In Bergwäldern gesammelte Steinpilze gehören zu den alten heimischen Grundzutaten, italienisch geprägter Gemüseanbau mit Spargel, Artischocken und Tomaten beherrscht seit dem 19. Jahrhundert die klimatisch günstigen, tiefer gelegenen Gebiete. Oft findet in Tessiner Kochtöpfen die Synthese aus beidem statt.

Lago Maggiore, Frühling, silbernes Licht, mit dem Boot zu den Isole di Brissago! Der alte Zauber ist da und verfliegt auch nicht so schnell.

Lago Maggiore, Langensee

Vom Gotthard- oder Lukmanierpass immer dem Fluss Ticino folgend, gelangt man zwangsläufig an das Nordende des Lago Maggiore. Wer diesen über sechzig Kilometer langen, bei einer Breite von zwei bis fünf Kilometern ganz treffend benannten Langensee noch nie gesehen hat, wird sich wohl an dem südlichen Charme der üppigen Flora, vielleicht auch an dem oft quirligen Leben entlang der Ufer begeistern. Doch auch Kennern vermag dieser südalpine «Fjord» stets Bewunderung abzuverlangen über: das ganz besondere Licht, die grosse Tiefe seines wieder sauberen Wassers, die Isole di Brissago oder auf einem kleinen Ausflug in den weitaus grösseren italienischen Teil die Isole Borromee.

Locarno

Das Nordufer des Lago Maggiore wird im Sommer vom Tourismus fast erdrückt, es droht aus den Nähten zu platzen. Die lärmige Stadt Locarno verliert während dieser Zeit von ihrem natürlichen Reiz. Um diesen Ort besser kennenzulernen, empfiehlt es sich, ihn in der Zwischensaison, im Frühjahr, wenn die

Magnolien blühen, oder im Herbst zu besuchen. Die blumenreiche Strandpromenade mit ihrem Rivieraklima mitten in den Alpen lädt ein zum Träumen. An regnerischen Tagen ist unter den Arkaden ein Einkaufsbummel im Trockenen möglich. Kunstgalerien, Geschäfte mit internationalen Namen für Mode, Schmuck und Antiquitäten bereichern die Atmosphäre dieser Laubengänge. Neben Kostbarkeiten werden wohl auch Kitsch und Souvenirs feilgeboten. Laut wird lamentiert und diskutiert, man fühlt sich wie im nahen Italien.

Der markanteste Akzent ist die von Arkaden umgebene Piazza grande mit ihren Patrizierhäusern, wo alljährlich das Locarneser Filmfestival unter freiem Himmel stattfindet.

Ascona

Das anmutige ehemalige Fischerdörfchen mit seinen engen Gassen wird heute oft als das schweizerische St. Tropez bezeichnet. Ascona darf für sich in Anspruch nehmen, mit 196 Metern über dem Meer der am tiefsten gelegene Ort der Schweiz zu sein. Internationaler Jet-set und Schickeria verwandelten dieses einstige Dorf zur brodelnden Stadt. Künstler, reiche Städter, Millionäre und Hochstapler geben sich am Lungo Lago Giuseppe Motta die Ehre. Die Terrassencafés sind überfüllt, bewundert wird der See mit seinen Booten oder – Wahrzeichen Asconas – die vier Fächerpalmen, die sich im leisen Winde wiegen. Man trifft sich zum Cappuccino oder Apéro, führt auf der Promenade den letzten Schrei der Mode vor und die grössten und teuersten Cabriolets.

Für die Einheimischen, die ehemaligen Asconeser Fischer, ist dieser Rummel nicht immer leicht verdaulich, doch eben eine willkommene Verdienstquelle. Wer dem Treiben entfliehen möchte, wendet sich bergwärts, erreicht auf vielen Spazierwegen kleine, ruhige Orte – Teile Asconas oder auch selbständig – und erholt sich dort in romantischer Ruhe.

Ein Anziehungspunkt im bergwärtigen Ascona ist sicherlich der Monte Verità. Seit der Jahrhundertwende hatte sich am «Berg der Wahrheit» eine bunt zusammengewürfelte Szene aus Lebensreformern, Philosophen, Aussteigern, Künstlern, Anarchisten und Emigranten herauskristallisiert. Ohne es zu wollen, trug sie wohl mit dazu bei, daß die Bodenpreise nicht nur um das ehemals beschauliche Fischerdorf bis in schwindelnde Höhen gestiegen sind. Bis in die vierziger Jahre siedelten sich mehr und mehr Künstler hier und auch anderswo im Tessin an. Man sagt, sie liessen sich vor allem von den überaus sympathischen «einfachen Leuten» und der so verlockenden Natur inspirieren. Es bleibt heute nicht mehr viel von den damaligen Träumen einer freieren Welt, einer klassenlosen Gesellschaft. Doch einen guten Eindruck von dieser Szene, ihren Ideen und Idealen kann man sich in den Museen Casa Anatta und Casa Selma verschaffen. Im übrigen hat sich am Monte Verità manch Wohlhabender längst den Traum vom Zweitwohnsitz in der Sonne verwirklicht, nur wenige Stunden weg von der Deutschschweiz oder auch von Süddeutschland.

Demzufolge sind die touristischen Angebote in Ascona nicht billig, gemessen an den gebotenen Dienstleistungen aber ihren Preis wert. Da man hier gehobene Qualität anbietet, will sich Ascona nicht unter Wert verkaufen. Besonders angesprochen werden Kunden und Gäste, die aktive und individuelle Ferien mögen. Ascona ist kein Ort für Kongresse. Auch die grossen Vier- und Fünf-Sterne-Hotels haben den Stil ihrer Gebäude dem Dorfbild angepasst.

Centovalli, hundert Täler

Nur ein paar Kilometer vom Lago Maggiore entfernt, aber hinter Bergen zum See hin fast versteckt, liegen die Centovalli. Fährt man von Losone in diese Richtung, so erreicht man, kurz vor den steilen Kehren der Strasse und der Bahn hinauf nach Intragna, das stille

Dorf Golino am Rande der Pedemonte. Schlichte Häuser, schöne Arkadenhöfe, ländliche Fresken und eine Piazza, die man aus den Gassen wie von selbst erreicht. Golino war früher Ausgangspunkt der Saumpfade und wichtiger Warenumschlagplatz. Steigt man hinter dem Dorf auf die Rebberge, dann hat man einen wunderschönen Ausblick auf die typischen alten Steinplattendächer und den Campanile, der mit seinen über sechzig Metern der höchste des Kantons Tessin ist. Leider sind auch hier Sommerresidenzen und moderne Bauten vorhanden, die das Ortsbild stark beeinträchtigen.

Eine neue Brücke überspannt die wilde, tief eingeschnittene Melezza, die der berühmteren Verzasca stellenweise ähnlich ist, und führt uns nach Intragna. Dort hat man die Centovalli schon erreicht, und bis zum Grenzübergang in Camedo münden noch über hundertfünfzig Seitentäler und Bäche in das Tal ein. Die meisten Dörfer, Weiler und Rustici befinden sich hoch am Hang, damit die Sonne die Weinstöcke erreicht, die bis achthundert Meter hinauf gedeihen. Dennoch sind die Talflanken so steil, dass zu manchen Dörfern im Winter bis zu zweieinhalb Monate lang kein Sonnenstrahl vordringt.

Vom Lago Maggiore ist es in das Gebirge ganz nah, wo die Verzasca seit Jahrtausenden erstaunliche Formen aus dem gebänderten, vielfarbigen Granitgneis spült. Unter den alten Steinbogenbrücken der Tessiner Täler ist der Ponte dei Saltri eine der spektakulärsten. Er spannt sich bei Lavertezzo über den Wildfluss, der wenige Kilometer abwärts den aufgestauten Lago di Vogorno speist.

Valle Mággia, Maggiatal

Genaugenommen bezieht sich dieser Name auf den unteren Teil des langen Tales, das heisst von Ponte Brolla bis Bignasco, mit einem Höhenunterschied von nicht mehr als zweihundert Metern. Steigt man hinauf nach Cevio, mit dem berühmten Landvogthaus aus dem 17. Jahrhundert und dem interessanten Talmuseum, dann zweigt überraschend als erstes bedeutenderes Seitental das der Rovana ab. In ihm enthüllt sich bereits die ganze eindrückliche Vielfalt: Wenig weiter aufwärts verästelt sich das Tal noch einmal, in das Valle di Campo mit Cimalmotto und den Ast mit dem Walserdorf Bosco Gurin, einer deutschen Sprachinsel.

Die wilde Bavona mündet bei Bignasco in die Mággia, an ihren Quellen ragen mit die höchsten Berge des Tessins in den Himmel. Die Basodinogruppe ist kräftig vergletschert, und ihre Spitzen liegen mehr als dreitausend Meter höher als der Lago Maggiore.

Das Tal der Mággia trägt oberhalb Bignasco einen anderen Namen, Val Lavizzara. Wie schon die Rovana verzweigt es sich bei Peccia in zwei Nebentäler: Der Hauptzweig führt nach Fusio, in dessen Pfarrkirche eines der schönsten mittelalterlichen Stabkreuze aufbewahrt ist, der Nebenzweig in das Val di Peccia, bekannt für weissen Marmor.

Die Täler vermehren sich wie in einem Spiegelkabinett. Es gibt etwas für jeden Geschmack. Das mag banal klingen, trifft aber tatsächlich auf die vielen Gesichter des Valle Mággia zu, das im übrigen unter den Tälern südlich der Alpen zu jenen gehört, die am tiefsten in deren Herz eindringen. Aus dem milden Klima des unteren Tals, mit viel Sonne

Oben im Valle Mággia inmitten des «Ticino granito», zwischen Dreitausendern und soliden Dachkonstruktionen.

und einer üppigen und abwechslungsreichen Vegetation, gelangt man allmählich in alpine Zonen, vor allem in der Rovana und Lavizzara, wo der Mischwald den Tannen und Lärchen weicht und zwischen Alpenweiden kleine Bergseen glitzern.

Die Bavona mit San Carlo im hintersten Winkel ist ein rauhes, faszinierend wildes Tal. Da und dort ist es von gigantischen Felsblöcken und Erdrutschen gezeichnet, die wie Barrikaden den Talgrund versperren. Cavergno ist ihr Eingangstor, und genau hier steht die Kapelle Varda, die der «Madonna del Sangue di Re» geweiht ist und die ein Dorfbewohner 1732 errichten liess. Laut Piero Bianconi gehört sie zu den bedeutsamsten und eindrucksvollsten Kapellen der Alpentäler. Aufwärts folgen kleine Ortschaften – wie Fontana, Foroglio mit dem spektakulären Wasserfall, Faedo, Roseto und Sonlerto. Man ist versucht zu sagen: eine typische Tessiner Landschaft, mit bezaubernden Häusergruppen aus Stein unter von Felsplatten bedeckten Dächern. Am ersten Maisonntag lebt in allen Ortschaften der Bavona ein alter religiöser Brauch vermutlich aus dem 16. Jahrhundert wieder auf. Es findet dann eine Flurprozession statt, die sich im Morgengrauen durch die Wiesen des Tals von Cavergno zum Oratorium Santa Maria delle Grazie in Gannariente hin bewegt.

Wunderbaren ländlichen Häusern begegnet man auch in der Lavizzara, zum Beispiel in Brontallo, das sich als zauberhaftes Dorfbild präsentiert. Interessant in Brontallo ist die Casa Pometta mit dem Portikus an der Vorderseite und der mit geometrischen Fenstern geschmückten Loggia. Im Beinhaus überrascht ein Fresko aus dem 17. Jahrhundert, das die Kreuzigung darstellt. Verweilen wir noch etwas in Brontallo, bei der Pfarrkirche Santa Maria und San Giorgio, deren Fassade aus dem 17. Jahrhundert ein riesiger San Cristophero ziert, der einzige im ganzen Tal, den ein Künstler aus der Talschaft gemalt hat. Die Perle der Rovana ist zweifellos das Dorf Bosco/Gurin, wo eine typische Walsergemeinschaft überlebt hat. Es ist die höchstgelegene Gemeinde im Kanton Tessin. Doch ist das nicht die einzige Besonderheit, im Dorf gibt es noch Menschen, die das Gurijnartisch sprechen, den alten Dialekt der Deutsch-Walliser, von wo die frühen Siedler stammen, die vor Jahrhunderten die Ortschaft gegründet haben.

Dorf und Landschaft sind einzigartig, sowohl von der Lage her als auch durch die schönen dunklen Holzhäuser, die sich um die Kirche gruppieren. Diese ist den Heiligen Giacomo und Cristophero geweiht, wurde im 13. Jahrhundert gebaut, trägt aber Spuren späterer Eingriffe. In der Kirche ist eine Kostbarkeit aufbewahrt, ein geweihter Kelch, der als der älteste im Tal gilt. Er ist vergoldet, und auf seinem Rand sind die beiden Heiligen, die der Kirche den Namen gaben, und San Rocco abgebildet. Wer mehr über die alte Walserkultur wissen möchte, möge das örtliche Museum, das Walserhaus, besuchen.

Auf dem Weg das Maggiatal wieder abwärts begegnet uns natürlich auch in seinem unteren Teil viel Interessantes – künstlerisch wie landschaftlich. Ein Beispiel sei herausgegriffen, die Kirche Santa Maria delle Grazie oder «die Campagna» in Mággia. Es ist ein Bauwerk aus dem 16. Jahrhundert, dessen bescheidenes Äusseres sich doch sehr von der reichen Innenausstattung abhebt: Fresken aus dem Cinquecento, der italienischen Kunst des 16. Jahrhunderts, im Schiff und im Chor, welche die Wände der ursprünglichen Kirche bedecken, und Stuckarbeiten, Fresken und Gemälde in der 1626 errichteten Kapelle. In dieser Kirche befindet sich auch ein eigenartiges Exvoto, das einen Rancher darstellt, der vom Blitz getroffen wurde. Ein Bewohner des Maggiatales, der nach Kalifornien ausgewandert war und dort einem Blitzschlag gerade noch entkommen konnte, schrieb einen Brief in die Heimat und gab darin ein Exvoto in Auftrag als Dank an «seine» Madonna für die wundersame Rettung.

Warum der Schmuck in der Kirche Santa Maria so prunkvoll ausgefallen ist, erklärt sich aus den Inschriften gegenüber der Apsis: Die

Es gibt noch Bergbauern, die sorgfältig mit der Sense am steilen Hang das Gras schneiden. Aber leben können davon nur mehr wenige.

Auftraggeber liessen nach langen Jahren der Not und Mühe solche Malereien zu sehr hohen Preisen ausführen.

Neben den künstlerischen und landschaftlichen Schätzen sollten wir aber die kulinarischen nicht vergessen. Zahlreichen Grotti und Ristoranti begegnet man in diesem Tal. Viele sind leider in den Sommermonaten überfüllt von sonnenhungrigen Touristen, die nicht unbedingt der einheimischen Küche wegen ins Tessin kommen. Sie denken in erster Linie an Sonne und unbeschwerte Lebensart. Oft ist dann der kulinarisch Interessierte enttäuscht, wenn man ihm internationale Gerichte vorsetzt, die fast überall in Europa dieselben sind. Wenn man sich aber Zeit nimmt, kann man sie auch hier noch finden, die einfache, doch phantasievolle Küche der *cucina povera* oder die Hausmannskost der *cucina casalinga*.

Lugano und das Luganese

Die Täler von Lugano und das Malcantone

Das Einzugsgebiet der Täler von Lugano umfasst 34 Gemeinden, die in etwa 70 Dörfer aufgeteilt sind. Die Täler sind alle gegen Süden gerichtet, so dass sie ein ausserordentlich mildes, subalpines Heilklima bieten.

Dank der Nord-Süd-Achse der Bundesbahn, die durch den Gotthard südwärts nach Italien führt, und der Nationalstrasse 2 zwischen der Passhöhe des Monte Ceneri und Lugano sind die touristischen Ziele leicht zu erreichen. Und nicht weit weg vom Hauptverkehr finden sich in den Tälern des Vedéggio, der Capriasca und im Val Colla genügend Möglichkeiten zu Ruhe und Erholung.

Etwas nach Westen abgesetzt und ohne direkten Zugang nach Lugano reihen sich die voralpinen Berge um die Talschaft Malcantone. Der Name kommt von *magli,* Hammerwerke, Schmieden, und hat nichts mit «böser Kanton» zu tun. Das Malcantone reicht vom Monte Támaro im Norden bis nach Süden zur Tresa, die ein Stück weit die Grenze zu Italien markiert.

Das Gebiet um Lugano erstreckt sich über die Hügel bis weit ins Gebirge auf rund 2000 Meter Höhe. Die grüne, waldige Landschaft ist von zahlreichen Wanderwegen durchzogen. Wunderschöne Aussichtspunkte begeistern immer wieder Ausflügler, Wanderer und Fotografen. Zu den schönsten und am höchsten gelegenen Ausflugszielen gehört der Monte Támaro, der von der Talstation in Rivera in 15 Minuten mit der Gondelbahn erreichbar ist. Der Támaro weist im Winter oft ausserordentlich gute Schneeverhältnisse auf. So findet man hier seit Anfang der siebziger Jahre das südlichste Skigebiet der Schweiz.

Neben den kleinen Seen von Oríglio und Muzzano, dem grossen von Agnuzzo – der eigentlich zum Luganersee gehört – und verschiedenen Flüssen, in denen auch gefischt wird, laden mehrere Badeanlagen mit gedeckten und offenen Schwimmbecken. Den Pferdefreunden stehen gutgeführte Reitställe und Reitschulen in Taverne, Curéglia und Oríglio zur Verfügung.

Kultur- und Kunstliebhaber finden in dieser Gegend eine beträchtliche Anzahl von Meisterwerken. Sehenswert ist das grosse Wandgemälde in der restaurierten Kirche von Ponte Capriasca, eine fast identische Kopie des «Abendmahls» von Leonardo da Vinci. Vermutlich ein bedeutender Leonardoschüler hat hier gleichzeitig wie der Meister in der Mailänder Santa Maria delle Grazie ein Gemälde geschaffen, das weitaus besser erhalten ist als das schon lange gefährdete Original. Hervorzuheben ist auch das wundervolle Gemälde «Madonna con il Bambino» in der Klosterkirche von Bigório.

Nicht weit davon liegt die grosse Propsteikirche San Stefano in Tesserete, ein ehrwürdiges Baudenkmal. Sie ist die einzige Kirche im Südtessin, in welcher die nach dem abendländischen Kirchenvater benannte Ambrosianische Liturgie gepflegt wird, die im Bistum Milano und den drei nördlichen Tessiner Tälern Leventina, Blenio und Riviera gebräuchlich ist. Dieses romanisch-lombardische Gebäude wird bereits um 1100 erwähnt und ist einzigartig in seiner architektonischen Struktur. Es enthält auch bedeutende Kunstwerke wie Wandgemälde, Stukkaturen, Skulpturen. Im fünfzig Meter hohen romanischen Glockenturm hängen fünf Glocken an einem Räder-

Vorige Doppelseite:
Vom Monte Brè über Lugano, das an einer Bucht des Lago di Lugano oder Ceresio immer weiter in die Umgebung wächst. Davon noch kaum berührt ist der Monte Salvatore, links, über 900 Meter hoch und teils in Wolken.

werk, die, wenn von einem Könner geläutet, ein besonders harmonisches und reines Glokkenspiel erklingen lassen.

Geschichte der Stadt

Über das Gebiet von Lugano wird bereits in Urkunden des Altertums berichtet. Es sind Spuren der Etrusker und Gallier gefunden worden. Auch aus der Zeit der Römer, Langobarden und Franken sind Ruinen vorhanden. Im Mittelalter stand Lugano unter der Rechtsprechung des Bischofs von Como, wurde aber bald in die Kämpfe zwischen Mailand und Como verwickelt. Später regierte der Herzog von Mailand über die Region. Er liess 1498 in Lugano direkt am See eine Burg errichten, an deren bewegter Geschichte später Franzosen wie Schweizer beteiligt waren.

Um 1512/13 begann für Lugano mit der schweizerischen Herrschaft der Landvögte ein anderes Leben. Durch die Herbstmesse wurde der kleine Ort berühmt und ein wichtiger Knotenpunkt für den Warenaustausch zwischen Italien und dem Norden. Zwar herrschten weder Freiheit noch wirklicher Fortschritt, doch war es eine Zeit des Friedens und eines bescheidenen wirtschaftlichen und kulturellen Aufschwungs. Prächtige Kirchen und stattliche Patrizierhäuser wurden gebaut. Durch die Einrichtung einer bemerkenswerten Schule der Padri Somaschi und eine im 18. Jahrhundert eröffnete Druckerei, die viele bedeutende Werke herausgab, wurde Lugano in ganz Europa bekannt.

Die Französische Revolution blieb auch in Lugano nicht ohne Widerhall, besonders nachdem die Franzosen unter Bonaparte die Lombardei besetzt hatten. Befürworter der neuen Entwicklung und Anhänger der Tradition bekämpften sich bis zu den bekannten Ereignissen vom 15. Februar 1798, die – eine Folge der allgemeinen politischen Entwicklung – der Stadt Lugano die Freiheit brachten: erst innerhalb der Helvetischen Republik, dann, durch den Zusammenschluss mit den ehemals italienisch beherrschten Gebieten zum Kanton Tessin im Jahre 1803, in der neuen Eidgenossenschaft.

Im 19. Jahrhundert stand Lugano an der Spitze der politischen Bewegung und des kulturellen Lebens. Das Risorgimento, die Bewegung zur Wiederherstellung des italienischen Nationalstaates zwischen 1815 und 1870, hatte hier eines seiner Zentren. Ein Giuseppe Mazzini, ein Carlo Cattaneo nahmen hier zeitweise Aufenthalt. Nach Eröffnung der Gotthardbahn beschleunigte sich der wirtschaftliche Fortschritt, und Lugano wurde zur Stadt. Unmittelbar danach nahm der Fremdenverkehr dank der herrlichen Landschaft eine Entwicklung, die sich auf das ganze Gebiet auswirkte.

Das Kapuzinerkloster in Lugano

Nicht weit vom Bahnhof in Lugano befindet sich das Kapuzinerkloster, eine Idylle inmitten der hektischen Stadt – ein duftender Kräutergarten, üppige Weinstöcke, Laubengänge überwuchert von roten Rosen.

Frà Bernardo empfängt uns in den kühlen Gängen des Klosters. Ich hatte mir einen Mönch mit weissem Bart in brauner Kutte und Sandalen vorgestellt. Doch jetzt stand vor uns ein glatt rasierter Mann in Jeans und Baumwollhemd. Auf seine Kleidung angesprochen, sagte er spontan: «Wenn ich im Garten und auf den Feldern arbeite, ziehe ich diese Kleidung vor, denn in der Kutte hat man zu wenig Bewegungsfreiheit.» Sonst trägt selbstverständlich auch Frà Bernardo seine Kutte und Sandalen. Er freut sich, dass er mit uns über seinen Wein philosophieren darf. Frà Bernardo hat dieses Erbe von dem vor drei Jahren verstorbenen Bruder Corado übernommen. Voller Ehrfurcht erzählt er uns von Frà Corado, bei dem er das Handwerk eines Winzers erlernt hat. Er hat viel zu tun, unser Bernardo, er arbeitet auf dem Feld, kocht an Wochenenden im Kloster und keltert robuste Weine. Für eine Prise Schnupftabak und ein Glas Kerner, seinen Lieblingswein, bleibt aber immer Zeit.

VALLE
MAGGIA
CAPRA
100 gr.
Fr. 3.50

664
Zucca
Mantoana
al Kg. 4.50
665
Zucca
Nostrana

Lugano mag politisch nicht mehr das Zentrum des Kantons Tessin sein – Regierungssitz ist seit 1878 das kleinere, unbekanntere Bellinzona –, dennoch überragt es wirtschaftlich alle anderen Orte hier. Im kleinen Mass zeigen das die Märkte, bei deren Anblick einem schon das Wasser im Mund zusammenlaufen kann; im grossen Stil werden über Lugano vielerlei Geschäfte mit Rohstoffen, Geldern, Beteiligungen und Dienstleistungen abgewickelt.

Trotz allem Transit- und Fremdenverkehr blieb dem Tessin schlichte Schönheit erhalten. Im Bergdorf Róvio zwischen dem Lago di Lugano und dem Monte Generoso auf halber Höhe birgt die Kapelle San Vigilio aus dem 11. Jahrhundert herrliche Fresken – und auf dem Teller spielt ein in Öl eingelegter köstlicher Frischkäse die Hauptrolle.

Der Kerner ist eine weisse Traubensorte aus Deutschland und wurde vor etwa zehn Jahren auf dem Klostergrund gepflanzt. Der erste Most wurde vor sechs Jahren gekeltert. Jedes Jahr werden die paar hundert Liter von Frà Bernardo verbessert. Es ist ein schwerer Wein mit einem deftigen, naturhaften Bouquet und Geschmack, der zu den blühenden Rosen und dem duftenden Gras passt.

Bernardo keltert aber auch einen ausgezeichneten tannigen, robusten Merlot. Zwischen siebentausend und zehntausend Flaschen werden pro Jahr abgefüllt. Er beliefert die vierzig Kapuzinerklöster der Schweiz – zum brüderlichen Preis von neun Franken die Flasche. Was übrig bleibt, geht an private Kunden für vierzehn Franken die Flasche. Versteht sich, dass er auch den Bedarf der eigenen kleinen Klostergemeinschaft deckt. Die zehn Mönche trinken Bernardos Merlot sonntags und donnerstags zum Mittagessen. Ansonsten müssen sie mit Tafelwein vorliebnehmen – ausser am Namenstag, denn der wird mit einem Glas Kerner gefeiert.

Blumen erfreuen das Herz

Der Entschluss, den alljährlichen Wettbewerb «Balconi Fioriti», «Blühende Balkons» auch auf die Täler um Lugano auszudehnen, wurde nicht zuletzt vom unerwarteten Erfolg gefestigt: Mit Begeisterung haben die Bewohner der Täler reagiert. Die rege Teilnahme war vielversprechend, Fenster und Balkons wurden mit viel Einsatz geschmückt, die Sujets waren phantasievoll und vielseitig. Dreierlei Ziele verfolgten die Veranstalter des Wettbewerbs: die öffentliche Meinung in den Talschaften zu sensibilisieren, die Umwelt durch die Schönheit von Blumen und Zierpflanzen aufzuwerten und jenen Teil der Bevölkerung zu gewinnen, der auf der Suche nach einem angenehmeren Wohnort aus der Stadt ausgezogen war.

Offensichtlich vermochte das gute Gelingen des Wettbewerbs die Menschen von der Notwendigkeit zu überzeugen, ihre neuen Wohnorte schöner zu gestalten – im Gegensatz zur immer grauer werdenden Ambiance der Stadt. So wurden bald nicht mehr nur Balkons, Fenster und Fensterchen von Villen und Bauernhäusern dekoriert, sondern auch die Umgebung, in der wir leben: Mäuerchen, Treppen, manchmal sogar Hausmauern. Spontan entstanden Initiativen wie zum Beispiel in Tesserete und Curéglia, aus dem Wunsch geboren, dem Wettbewerb neue Impulse zu geben.

Parallel zum Auszug aus der Stadt konnte sich an der Peripherie eine hochstehende und gepflegte Hotellerie entwickeln, die derjenigen in den Städten durchaus ebenbürtig ist. Blumen haben liebenswürdige Farbtupfer gesetzt als freudiger und vielversprechender Willkommensgruss: die beste Fremdenverkehrswerbung!

Der Wunsch, Häuser und Landschaftsbild lieblicher zu gestalten, hat viele Besitzer auch dazu bewogen, mehr Blumen in ihre Gärten zu pflanzen, mehr Schmuck auf Fensterbretter, Balkons, an die Häuser ganz allgemein und selbst an die Stützpfeiler von Pergolen zu zaubern, indem sie die Dauerpflanzen mit saisonbedingten Dekorationen mischen. Auf diese Weise wurde erreicht, dass am Stadtrand und in den Tälern der Blumenschmuck von bunter Ästhetik ist: Man beweist Phantasie, Begeisterung und auch viel Einsatz, was sich in grossartigen, manchmal ausgefallenen Kombinationen niederschlägt, während man sich in der Stadt noch allzuoft an Traditionen hält, nämlich an Geranien, wenngleich von verschiedener Art und Farbe.

Die Anonymität ist nicht zu übersehen, die das Stadtzentrum mehr und mehr lähmt, auch nicht die Entvölkerung oder das Ausweichen in die eigenen Häuser und Wohnungen, deren Äusseres oft vernachlässigt wird, ganz im Gegensatz zum pulsierenden Leben in den Tälern. Was im Zentrum geschieht, ist zweifellos die Folge immer gewaltigerer Überbauungen für den Tertiärbereich: Banken, Verwaltungen, öffentliche Gebäude. Besonders fehlte es bislang am guten Willen der Stadt, während ausserhalb die Gemeindeämter die ersten waren, die die Absichten und die Wirksamkeit des Wettbewerbes «Balconi fioriti» – auch für den Tourismus – schnell begriffen haben.

Ceresio – der Saum des Sees

Wenn man das Gebiet des Ceresio, wie der Lago di Lugano in Italien auch genannt wird, von oben betrachtet, so öffnet es sich südwestlich von Lugano entlang den steilen Abhängen des Monte San Salvatore und des Monte Arbostora bis hin zu dem sanften Goldhügel, der Collina d'Oro.

Die Landschaft in ihrer Verschiedenartigkeit ist geradezu zum erstklassigen Touristengebiet prädestiniert, fähig, auch verborgene Wünsche von verwöhnten Besuchern zu erfüllen. Die idyllischen Dörfer am See und im bergigen Gelände laden zum Verweilen ein. Hotels und Pensionen jeder Kategorie, Restaurants und Grotti sorgen für einen angenehmen Aufenthalt. Strandbäder, Schwimmbäder, jede Art von Wassersport, Vita-Parcours und Wanderwege bieten dem aktiven Gast vielseitige Abwechslung. Fächerförmig erschliessen die Bahn- und Postautolinien das Hinterland.

Morcote, zwischen Himmel und See gelegen, ist eines der schönsten Dörfer der Schweiz. Der kleine Ort liegt in einer wunderbaren Landschaft, verklärt durch die tausend Launen des Lichts und des Wassers. Der Charakter des Fischerdorfs ist noch erhalten, jahrhundertelang wurden von hier frische Fische nach Milano und Lugano geliefert. Vico Morcote, 150 Meter über dem Seespiegel, ist eine eigene Gemeinde. Das verwinkelte Dorf lebte nicht vom Fisch, sondern vom Wein, ersichtlich an den umliegenden Weinbergen und den malerischen Laubengängen.

Carona schmiegt sich in eine Mulde zwischen Monte San Salvatore und Monte Arbostora. Es weist eine reiche künstlerische Tradition auf. Seine Söhne wie Solari, Casella, Aprile, Scala und Petrini sind durch ihre Bauwerke, Stuckfiguren, Fresken und Gemälde weltbekannt. Ein Schwimmbad und ein botanischer Garten bereichern das idyllische Hügeldorf.

Melide am Westende des vom Transitverkehr stark frequentierten Melidedamms besitzt mit Swissminiatur einen Anziehungspunkt für Tausende von Feriengästen und Touristen. Im Massstab 1 : 25 sind hier fast alle Bestandteile der traditionellen Schweiz zu sehen, geeignet für ein paar Stunden vergnügliche Heimatkunde. Ein schöner Spazierweg führt den See entlang zum romantischen Bootshafen, zu Tennisplätzen, zu Tanz- und Nachtlokalen.

Die Collina d'Oro, der Goldhügel, breitet sich zwischen dem Seearm von Agno und dem Scairolotal aus und zählt zu den sonnenreichsten Winkeln im Tessin. Charakteristisch sind die Dörfer Gentilino, wo Hermann Hesse begraben ist, Montagnola, wo Hesse lebte und arbeitete, Agra, wo Erich Kästner im Sanatorium weilte, Barbengo und Carabietta. Zu Fuss von Montagnola aus, durch Kastanienwälder und Weinberge, lassen sich diese Orte auf die schönste Art erreichen.

Wer Ruhe sucht, wer sich für kulturelle Anlässe interessiert oder wer Wassersport betreiben und Bergwandern will, die Region Ceresio wird ihn begeistern.

Blumen erfreuen das Herz. Wenn dieses Schlagwort auch in den Tälern nördlich von Lugano erfunden wurde, passt es doch ebenso zu diesem duftenden, wohl vom Summen der Insekten erfüllten Winkel in Vico Morcote im Ceresio.

Morcote, zwischen Himmel und See gelegen, gilt als eines der schönsten Dörfer der Schweiz. Nicht oft dürften die Kellner in den Lokalen an der Promenade so viel Zeit haben, denn wenn ihr internationales Publikum «Ober!», «Cameriere!», «Garçon!» oder «Waiter!» ruft, dann ist ein routiniertes Tempo gefragt, ohne die Freundlichkeit zu verlieren.

«Ein Hauch Toskana» wird dem äussersten Schweizer Süden oft zugebilligt. Wer die Zypressen und die Häuser zwischen modernen Weinbergen sieht, versteht das.

Das Mendrisiotto

Mit San Salvatore, San Giorgio und Monte Generoso verabschieden sich die Alpen und geben den Weg frei in ein sanftes Hügelgebiet, einen Garten von unvergleichlicher Lieblichkeit, das Mendrisiotto. Ausgedehnte Mais-, Getreide-, Tabak- und Rebenfelder, Heimat des fruchtigen Merlot del Ticino, vermitteln gar einen Hauch von der Toskana. Lombardisch ist die Architektur. Eng gruppierte Häuser in Ocker mit Dächern in Rot und Orange. Und unter dem überall spürbaren Einfluss Italiens verdichten sich künstlerische Begabung und ästhetisches Geschick. Den rasch nach Süden Eilenden mag die starke Industrialisierung zwischen Mendrisio und Chiasso zu noch grösserer Eile anspornen.

Seinen wahren Charakter gibt das Mendrisiotto aber nur dem in Musse Weilenden preis: die sich in die Hügellandschaft schmiegenden Dörfer, die engen, aber heimeligen Gassen Mendrisios oder die unscheinbar wirkenden Grotti, denen zur Essenszeit ein unwiderstehlicher Duft von *polenta* (Maisbrei) und *brasato* (Rinderschmorbraten) entströmt. Die «Mo Mo», wie man die liebenswerten Bewohner wegen ihrer Mundart nennt, sind geprägt von der lieblichen Landschaft. Sie sind lebhaft, herzlich und gastfreundlich wie kaum anderswo.

Durch seine Gebräuche bekannt ist das kleine Dorf Arzo. Es liegt dicht an der italienischen Grenze, südlich von Meride. Die drei verschiedenen Buntmarmorarten, der rosa *Broccatello,* der gefleckte *Macchia vecchia* und der *Rosso d'Arzo,* gehören heute der Vergangenheit an. Es gibt nur noch einen Marmorsteinbruch, der seit Generationen von derselben Familie betrieben wird. Er liegt an der Strasse nach Tremona. Diesen Marmor findet man oft in Hotelhallen, Bahnhöfen und an Cheminée-Einfassungen. Die verschiedenen Marmorarten können heute in der Pfarrkirche des Ortes San Nazario de Celso bewundert werden. Die Werke des Tessiner Bildhauers Vincenzo Vela (1820–1891) und seiner Familie sind in seiner Villa in Ligornetto unweit von Arzo ausgestellt. Die Marmorstatuen der Velas zeugen vom Widerstand gegen die Fremdherrschaft in Italien.

Fleissige Italiener und Italienerinnen pilgern wochentags zu ihren Arbeitsplätzen in der Gegend um Arzo. Die Hemdenindustrie ist in diesem Grenzgebiet ein sehr florierendes Gewerbe. Völlig verschwunden dagegen ist die Seidenraupenzucht, die früher der ganzen Region Arbeit und Auskommen verschaffte. Es wird berichtet, dass die Frauen die Eier der Seidenwürmer, eingeschlagen in Tüchlein, unter dem Hemd in der Körperwärme mit sich herumtrugen, bis die winzigen Räupchen schlüpften und dann in die speziellen Drahtkästen gesetzt wurden, wo sie mit Maulbeerblättern bis zu ihrer Verpuppung, dem Stadium des begehrten Seidenkokons, gefüttert wurden.

«Il magnifico borgo», die wunderbare Stadt, wurde der Hauptort des Distriktes Mendrisio früher genannt. Die Osterprozessionen von Mendrisio sind weithin bekannt. In der Karwoche finden diese farbigen, typischen Umzüge gleich zweimal statt.

Ausser dieser Eigenart ist in dieser industrialisierten Region nicht viel vom Althergebrachten übriggeblieben. Überall stehen Banken, Transportfirmen, moderne Bauwerke in der Grenzlage zwischen Mendrisio und Chiasso. Alle Preise sind in Franken und Lire angeschrieben. Unzählige Schilder mit «Benzina», «Tabacci», «Cambio» säumen die Hauptader von Chiasso, den Corso San Gottardo, und lassen keinen Zweifel am merkantilen Geist dieses Ortes.

Verlassen wir die hektische Gegend und folgen dem Lauf des kleinen Flusses Bréggia, wieder Richtung Norden. Dieser Fluss kommt aus dem Valle di Múggio, das zwischen dem Monte Generoso und dem Monte Bisbino liegt. Das Muggiotal ist das südlichste Tal im Tessin. Charakteristisch ist das terrassierte Gelände im Talkessel von Sendellate. Die Landwirtschaft ist im Muggiotal nur noch ein Nebenerwerb oder allenfalls ein Ausgleich übers Wochenende. Die bäuerliche Bevölkerung zieht es vor, in der nahen Handelsstadt Chiasso ihr Geld zu verdienen. Viele der Rustici, der unverputzten ehemaligen Bauernhäuser in diesem Tal, werden durch «Aussteiger» aus der Deutschschweiz und dem nahen Ausland mit viel Idealismus und zur Selbstversorgung am Leben erhalten. Kühe, Ziegen und Hühner liefern knapp das Nötigste. Die würzigen *Formaggini* aus Ziegen- oder Kuhmilch – mit Öl, frischem Pfeffer, Weissbrot und einer *tazza* Nostrano-Wein ein Leckerbissen – werden oft auf den Wochenmärkten feilgeboten.

Merlot del Ticino: Rebstock für einen aristokratischen Wein

In den letzten Jahren des vorigen Jahrhunderts vernichteten Echter und Falscher Mehltau sowie die Reblaus fast alle Tessiner Weinkulturen, die in der Folge von Grund auf neu angebaut werden mussten. Die von den Spezialisten und Agronomen Anfang unseres Jahrhunderts angestellten Untersuchungen ergaben, dass die zuvor im Tessin überhaupt nicht verwendete Merlot-Rebe sich zur Wiederbelebung der Rebberge am besten eignete. So wurden aus der Region um Bordeaux Pflanzen in ausreichender Menge eingeführt, aus denen im Verlaufe weniger Jahre in den Rebschulen des Mendrisiotto eine genügende Anzahl junge Rebstöcke herangezogen werden konnten, erstmals 1907 12000. Diese bildeten die Grundlage für die ersten der heutigen Kulturen.

Verglichen mit den Traditionen der französischen Weinregionen ist die Vergangenheit dieses beliebten Weines der Südschweiz noch jung, aber wichtig. Gerade in den ersten Jahrzehnten unseres Jahrhunderts wurden bedeutende Erkenntnisse gewonnen, die wesentlich zur Verfeinerung der Weinbau- und Produktionsmethoden führten. In den hinsichtlich Rebbau und Weinproduktion fortschrittlichsten Ländern wurden Technologien erprobt und technische Erfindungen angewandt, die die Herstellung eines immer perfekteren Produktes zum Ziel haben. Dies hat sich bald zugunsten des Tessiner Weinbaus ausgewirkt. Wenige Jahre nach seiner Wiederbelebung konnte er den Rückstand gegenüber den anderen, auch ausländischen Weinregionen aufholen und einen hervorragenden Merlot del Ticino speziell für den Export erzeugen.

Ende der achtziger Jahre wies das Tessin eine Weinbaufläche von 1190 Hektar (in 176 Gemeinden) mit 3,1 Millionen Rebstöcken auf, davon sind 2,5 Millionen Merlot-Reben. Den Rest teilen sich verschiedene Sorten wie Bondola, Freisa und Bonarda, die zu Nostrano-Wein verarbeitet werden, sowie America-Reben, deren Trauben gegessen und teils zu Saft, teils zu Wein werden. Weine dieser Reben werden aber so gut wie nie exportiert.

Die kantonale Gesamtproduktion von Merlot-Trauben beträgt etwa 38000 Hektoliter im Durchschnitt von zehn Jahren. In manchen Jahren wurden ausserordentliche Spitzen erreicht: 1983 (46000 hl), 1985 (59000 hl), 1986 (55000 hl). 1988 lag der Ertrag mit 32000 Hektolitern weit unter dem Zehnjahresdurchschnitt, dafür war er qualitativ sehr gut.

Im Tessin sind etwa dreissig bedeutende Weinhersteller tätig. Etwa fünfzig Produzenten stellen Merlot del Ticino in beschränkten Mengen her, die vor allem für den internen Konsum bestimmt sind. Daneben bestehen zwei Kooperativen, die hauptsächlich die Trauben ihrer Mitglieder verarbeiten, sowie etwa fünfzehn Wein-Einzelhändler, die sich ebenfalls mit der Weinproduktion befassen. Verschiedene Weinbauern betreiben neben dem Rebbau auch die Kelterung.

Auf dem Markt finden sich verschiedene Sorten Merlot del Ticino, am bekanntesten sind ohne Zweifel die mit der Schutzmarke «Viti» *(Vini Ticinesi)* ausgezeichneten Weine. Dieses Gütezeichen wird an Produzenten vergeben, deren Weine den Anforderungen für Merlot-Qualitätsweine entsprechen. Nach einer Reifezeit von mindestens einem Jahr kommt der Merlot del Ticino in den klassischen Bordeauxflaschen auf den Markt. Neben Viti existieren noch andere Qualitäten des Merlot del Ticino, zum Teil ausgesprochene Spitzenweine.

Seit einigen Jahren produzieren verschiedene Firmen Weine aus den Trauben kleiner, im

Im traditionell betriebenen Weinbau findet sich noch manche Mischkultur mit Obst und Gemüse. Granitene Pfeiler stützen die Pergolen, wo die Triebe weit über horizontale Strecken gezogen sind, um die Sonne voll auszunutzen. Das Valle di Campo mit mehr als tausend Meter Höhe reicht jedoch schon über die oberste Grenze, bis zu der Wein gedeiht, hinaus. Rechts: America heisst eine gerne für den Nostranowein oder für Saft verwendete Rebensorte. Die aus ihr gekelterten Weine gelangen aber so gut wie nie über die Tessiner Grenzen in den Export.

Grundbuch besonders eingetragener Rebberge. Diese *crus* sind oft von aussergewöhnlicher Qualität. Sie werden mit besonderer Sorgfalt hergestellt, und die Produzenten halten sich streng daran, nur limitierte Mengen zu produzieren und nur Trauben bester Jahrgänge zu verwerten.

Besonderer Beliebtheit erfreuen sich auch die *riserve*, Jahrgangsweine, die von diversen Produzenten unter verschiedenen Phantasienamen angeboten werden. Es sind Namen, die allerdings mehr mit den Firmennamen als mit dem Merlot del Ticino in Verbindung stehen.

Der Merlot del Ticino ist nicht nur als Rotwein erhältlich. Seit einigen Jahren befassen sich etwa zwanzig Firmen auch mit der Produktion von Weissweinen und Roséweinen. Von der roten Traube ausgehend, hat man Weine von überraschend frischem Charakter erhalten.

Mir begegnete einmal in der «Bottega del Vino» von Lino Gabbani in der Altstadt von Lugano eine unvergleichliche Auswahl von Merlot del Ticino. Über sechzig Produzenten vertrauen ihre Erzeugnisse der «Bottega del Vino» an. Zur Förderung der bereits anerkannten Qualität des Merlot del Ticino veranstaltet Gabbani eine jährliche Degustation mit Experten internationalen Niveaus. Zudem besitzt er eine Privatsammlung von knapp dreihundert Flaschen Merlot del Ticino aus den Jahren 1940 bis heute und eine Kollektion von fast tausend verschiedenartigsten *boccalini*, den typischen Wein-Trinkgefässen aus Porzellan.

Ist es vor einem privaten Weinkeller, einem Grotto in ursprünglicher Funktion? – Jedenfalls würde man sich gerne hier hinzugesellen.

Das Grotto

Das Grotto, ein kellerartiges Gewölbe, diente ursprünglich der Lagerung des Weins und anderer Vorräte. Man nimmt an, dass es erste Grotti vor über zweitausend Jahren gab, in den Anfängen der Tessiner Rebkultur. Über tausend Meter Höhe, der klimatischen Weingrenze, sind dagegen so gut wie keine Felskeller anzutreffen.

Grotti sind oft in die Flanke eines Hügels gegraben, so dass der Raum kühl bleibt, um den Wein ideal zu lagern. Auch Kastanien, Nüsse, Fleisch, Milchprodukte und andere Erzeugnisse der bäuerlichen Eigenversorgung halten sich hier frisch.

Als Treffpunkte am Sonntag prägten die Grotti das kulinarische und gesellschaftliche Leben in der Südschweiz schon immer mit. Stets wurden Freunde, Bekannte oder Verwandte eingeladen. Salami, Luganighe und Formaggini wurden von den Gästen mitgebracht. An langen Steintischen verzehrte man diese Gaben vor dem Grotto. Dazu trank man einen erfrischenden Nostrano aus dem kühlen Keller. Man diskutierte, spielte Karten oder Boccia, oder es wurde gesungen.

Mit der Zeit kam die Lust auf, alles so herzurichten, dass man im Sommer, besonders während der berüchtigten Hitzewellen, gleich den ganzen Tag in und vor dem Grotto *al fresco* verbringen konnte. Die Grotti befinden sich meistens im Wald, unter schattenspendenden Kastanienbäumen, in angenehmer Kühle. Und so waren schnell ganze Alleen gepflanzt, die Keller um einen vorgelagerten oder aufgestockten Aufenthaltsraum erweitert, alte Möbel von zu Hause mitgebracht. Ob in grossen oder kleineren Ortschaften, früher fanden sich ein oder mehrere solcher Grotti fast in jedem Dorf.

Es lag auf der Hand, dass geschäftstüchtige Tessiner bald die Idee hatten, gegen ein kleines Entgelt allen Leuten diese Freude und das Wohlsein zu ermöglichen. So war die Geburtsstunde des Grottos als öffentliches Lokal gekommen. Sind die Wirte auf Tradition und Atmosphäre bedacht, dann überladen sie ihren Speisezettel nicht und richten sich immer nach der Jahreszeit. Auch heute noch wird oft eine einfache, währschafte Tessiner Küche zelebriert: *affetato*, das ist ein typischer kalter Aufschnitteller mit Salami, *coppa* (Nackenstück), Mortadella; oder *risotto ai funghi* (Pilzrisotto), Polenta oder fein gewürzte Fleischstücke vom *coniglio* (Kaninchen), *brasato* (Rind) und Geflügel, die herrlich nach frischen Kräutern wie Rosmarin und Thymian riechen. Dazu trinkt man eine *tazza* (typische Steinguttasse für Rotwein) rubinroten Merlot, der im Kanton Tessin mit sehr viel Erfolg angebaut wird.

Es gibt heute über diese beiden Arten Grotto hinaus weitere Häuser, die mit den alten, ursprünglichen Felsenkellern ausser dem Namen nicht mehr viel gemeinsam haben: die mangels Unterhalt verfallenen, die zu wahren Gasthöfen und die zu Weekend- oder Feriendomizilen ausgebauten ehemaligen Grotti. Daher begegnet man den echten Grotti in Wirklichkeit längst nicht mehr auf Schritt und Tritt.

Inzwischen dürfte das alte Kulturgut Grotto jedoch als gerettet gelten. Das Tessiner Raumplanungsamt hat bereits vor einigen Jahren der Umwandlung Einhalt geboten. So darf man weiterhin diese späte Entdeckung der eigenen Vergangenheit geniessen. Ist es nicht herrlich, an einem heissen Nachmittag in einem lauschigen Kastaniengarten Frische zu tanken und sich verwöhnen zu lassen; temperamentvollen Tessinern zuzuhören, wie sie philosophieren, über Sport diskutieren und Neuigkeiten austauschen? An den Steintischen geht es dabei manchmal hoch her. Es wird gestampft, mit den Händen gestikuliert, oft auch geschrien und geschimpft. Plötzlich stimmt irgendwo jemand ein Lied an, und schon kurze Zeit darauf wird unisono mitgesungen. Zufrieden mit sich und dem Leben, trinken viele noch einen Espresso und einen Grappa, um danach heimzukehren. Am liebsten ist der Tessiner in «seinem» Grotto unter seinesgleichen. Man kann nur hoffen und versuchen dazu beizutragen, dass diese Orte der Beschaulichkeit, wo es weder Hektik noch Stress gibt, uns noch lange Zeit erhalten bleiben.

Die Kastanie

Man weiss, dass der Genuss der Edelkastanie im Tessin schon immer bekannt war. Lange Zeit waren Kastanien Hauptbestandteil der Ernährung im Winter. Aber nicht nur hier. Denn diese bescheidenen, herzförmigen Früchte, die man selber in den Wäldern sammeln kann, haben jahrhundertelang zahlreichen Völkern Europas immer wieder den Hunger gestillt.

Zubereitungen der Kastanie gibt es denkbar viele, sei es gekocht, gebraten, getrocknet oder gemahlen. Und so ergeben sich aus dem einfachen Grundprodukt in der Küche oft überraschende Resultate.

Nostalgiker, die sich bekanntlich an so manches erinnern, denken wohl an jene Handvoll Kastanien, an die *marroni*, die man nach Schulschluss beim Wägelchen an der Ecke kaufte. Pünktlich wie die Schwalben im Frühling, so tauchen auch heute im Herbst in Städten und Dörfern die Marroniverkäufer auf. In ihren lustigen, farbenfrohen Häuschen verkaufen sie eiligen Passanten frisch geröstete Kastanien. Aus ihrer kleinen Tüte sind diese nicht nur in der Lage, den Hunger zu dämpfen, sondern verbreiten an kalten Bisentagen auch angenehme Wärme mindestens für kalte Finger.

Und man denkt an die dampfende Kastaniensuppe, von der *nonna,* der Grossmutter, zu Mittag auf den Tisch gestellt, an den *castagnaccio*, den Kastanienkuchen, den sie als Zwischenverpflegung mit auf den Weg gab, oder an jene gerösteten Kastanien, die man abends, als es noch kein Fernsehen gab, vor dem Kamin im Kreise der ganzen Familie genoss, wenn draussen ein Unwetter tobte oder sachte der Schnee fiel.

Wurst- und Käsespezialitäten

Der Tessiner Bauer schlachtet im Vorwinter das Haus- und Hofschwein. Und weil auch Tessiner Bauern nicht unbedingt mit irdischen Gütern gesegnet waren und sind, ist es Tradition, dass alle Teile des geschlachteten Schweins restlos verwertet werden. Vieles sind kulinarische Spezialitäten, alles – ob roh oder gekocht – schmeckt kräftig und findet sich auf der Festtafel wieder.

Cotechino: Für den *cotechino* wird mageres Schweinefleisch mit gesalzener Schwarte fein gehackt, gewürzt und in natürliche oder künstliche Därme eingefüllt. Ein Cotechino ist 300–600 g schwer. Diese Wurst lässt man in Wasser mindestens 1½ Stunden ziehen. Der Inhalt des Cotechino ist weich und leicht klebrig, wenn man die Wurst gut zubereitet und im richtigen Moment serviert. Dazu passen ausgezeichnet Linsen, Bohnen und Kartoffelstock. Der Cotechino ist keine Dauerwurst und muss deshalb im Kühlschrank aufbewahrt werden.

Luganiga: Die *luganiga*, eingefüllt in einen länglichen Darm, etwa 10–12 cm lang regelmässig abgebunden, besteht aus gehacktem Schweinefleisch und ist speziell gewürzt. Zubereitung: In heissem Wasser 20–25 Minuten ziehen lassen. Luganighe werden gerne zum *bollito misto* (gemischtes Siedfleisch) serviert, munden aber auch ausgezeichnet zu Polenta, Risotto, Bohnen und Linsen. In der Glut grilliert, sind sie für Feinschmecker ein besonderer Genuss.

Mortadella di fegato (Lebermortadella): Es gibt dieses Produkt der *mazza grande*, der grossen Hausmetzgete, in einer rohen und einer gekochten Version. Die roh aufgeschnittene wird in der Luft und im Keller langsam getrocknet, gepflegt und gereift wie ein Salami. Die gekochte Mortadella wird frisch in kaltem Wasser aufgesetzt und gesotten. Serviert wird diese köstliche, doch nicht leichte Wurst zu einer Polenta oder auf dem Aufschnitteller, dem *affettato.*

Mortadella cotta: Im Handel finden wir auch die gekochte Mortadella. Man kann sie kalt oder lauwarm geniessen. Besonders fein schmeckt sie, wenn sie auf Bohnen oder Linsen erwärmt und serviert wird.

Pancetta: Das ist ein leicht durchgezogener Speck vom Bauchstück des Schweins. Die Pancetta wird mehr oder weniger lang getrocknet, mit verschiedenen Gewürzen und mit Pfeffer, manchmal auch mit Knoblauch gewürzt, oft mit Rot- oder Weisswein zubereitet. Man kauft sie flach oder gerollt. Die gerollte Pancetta ist meist magerer und wird gerne anstelle von Schinken verwendet, zum Beispiel für Spiessli und Rouladen, oder um Poulet, Wildfleisch usw. vor dem Braten am Spiess zu umwickeln. Pancetta schmeckt auch als Aufschnitt oder als Vorspeise.

Prosciutto, carnesecca, bresaola: Dies sind die Tessiner Trockenfleisch-Spezialitäten, wie sie ähnlich auch die Walliser und die Bündner herstellen. Die Tessiner essen ihren Schinken und ihr Trockenfleisch als Antipasto, zur Vorspeise eines Hauptgerichts, oder zum Zvieri, dem Nachmittagsvesper.

Salami: La strega nennt sich jener Salami, zu dem nur die besten Fleischstücke vom Schwein verwendet werden, vor allem solche, die keinerlei Blut mehr enthalten, und es wird, wenn immer möglich, Fleisch vom Schinken unter die Salamimasse gemengt. Gewürzt wird mit wenigen, aber den besten Dingen,

Noch ein wichtiger Bestandteil der urwüchsigen Tessiner Nahrung: vor allem aus Schweinefleisch pikant bis rassig gewürzte Wurst- und Schinkenspezialitäten.

zum Beispiel mit Pfeffer, frischen Kräutern, Rotwein, Knoblauch und Salz.

Salsiccia: Das ist ähnlich der Luganiga eine Bratwurstspezialität, bestehend aus rassig gewürztem gehacktem Schweinefleisch, das in einen langen Darm mit etwa 2 cm Durchmesser abgefüllt wird. Zum Braten rollt man die Salsiccia zu einer Spirale auf und sticht sie mit der Nadel ein. Das Wurstbrät wird aber auch oft aus dem Darm gelöst und für Risotto, Fleisch- und Gemüsefüllungen verwendet.

Zampone: Eine ganz typische Tessiner (und italienische) Spezialität. Der Schweinefuss wird entbeint und geleert und dann mit einer speziellen Mischung aus magerem Schweinefleisch, feingehackter Schwarte, Salz, Pfeffer, Nelkenpulver und Zimt gefüllt. Man kauft Zampone getrocknet und muss ihn deshalb vor dem Kochen über Nacht in Wasser einlegen. Die Kochzeit beträgt etwa 3 Stunden. Der Zampone wird zu Linsen, Bohnen, Kartoffelstock oder Spinat serviert.

Auf unserem Bild finden sich über die im Text beschriebenen Spezialitäten hinaus noch einige Varianten: Links oben auf dem Brett Carnesecca, daneben Bresaola, direkt darunter links eine Coppa (Nackenstück), rechts Prosciutto. Unter dem Brot Mortadella cotta und Mortadella di fegato, rechts daneben Salami und die gerollte Pancetta; deren flache Variante liegt unten links neben den Tomatenhälften, rechts davon in der Bildmitte der Zampone. Ganz unten von links die charakteristische Spirale der Salsiccia, daneben die kleinere Luganiga und der grössere Cotechino, rechts von dem Messer nichtspiralige Salsiccia und Salametti.

Mascarpone: Der aus der Lombardei stammende Weichkäse (Bildmitte, mit Löffel) wird oft anstelle von Frischkäse für pikante und süsse Gerichte verwendet. Für Käsegerichte, zum Beispiel gefüllte Birnen, eignet sich gut auch der Gorgonzola-Mascarpone, aus Schichten von Mascarpone und Gorgonzola (im Tessin: *Stracchin,* links oben).

Ricotta: Ein italienischer Quark (Mitte oben), trockener als unsere Sorten, doch noch nicht so fest wie Frischkäse, wird aus pasteurisierter Magermilch hergestellt, ist nur wenige Tage haltbar und muss gut gekühlt werden.

Formagella: Bis zu 2 kg wiegt dieser typische kleine Weichkäse (oben rechts), der sowohl aus Kuh- wie aus Ziegenmilch zubereitet wird. Damit er schnell reift, wird er bei niedriger Temperatur hergestellt. Je nach Gericht wählt man fetten oder mageren Formagella.

Pecorino: Es gibt verschiedene Sorten dieses harten Schafsmilchkäses (links): von frischer und weicher über bröckelige bis zu fester, zum Reiben geeigneter Beschaffenheit.

Mozzarella: Bekannter Pizzakäse, aber auch zum Rohessen geeignet (Mitte unten), ursprünglich aus Büffelmilch hergestellt, heute jedoch fast immer aus Kuhmilch. Ein beliebter Salat: Mozzarella, Tomaten und Basilikum.

Formaggini: Diese kleinen Frischkäse (unten rechts) werden aus Ziegen- und/oder Kuhmilch je nach Region verschieden hergestellt und gewürzt: die *Agrini* des Valle di Múggio im Mendrisiotto sind eher säuerlich, die im Luganese und um Bellinzona verbreiteten Sorten eher mild und delikat. Die Käslein werden oft erst tagelang mit Gewürzen in Öl eingelegt, anderswo isst man sie frisch oder lässt sie in einem luftigen, temperierten Raum reifen, bis der Kern zart und wie Butter zu streichen ist.

Piora: Dieser bekannteste und teuerste Käse des Tessins stammt von der Alpe di Piora in der Leventina, wird aus Kuhmilch – manchmal mit etwas Ziegenmilch – hergestellt und kommt erst nach dreijähriger Lagerung jeweils im Dezember auf den Markt.

Kleines Küchenlatein für Nichtschweizer und Nichttessiner

Schweizer verwenden weitaus häufiger französische Ausdrücke als Deutsche, vor allem in der geläufigen Küchensprache. Kommt als Thema noch das italienischsprachige Tessin hinzu, so erscheint die Erklärung einiger Begriffe unumgänglich. Zudem weichen manche Schweizer Alltags- und Handelsbezeichnungen von deutschen erheblich ab, und einige Tessiner oder italienische Spezialitäten *(kursiv gedruckt)* verlangen eine Übersetzung oder Erklärung.

Appareil: zu einer Masse verarbeitetes Material, zum Beispiel Croquettes-, Pfannkuchen-, Käsemasse

arrosieren: mit Wasser besprengen

(auf)montieren: (Sauce) aufschlagen, aufarbeiten

auswallen: ausrollen

Bain-Marie: Wasserbad zum Warmstellen von Saucen und anderem

Bâtonettes: Gemüse in Streifen

Baumnüsse: Walnüsse

blanchieren: frisches Gemüse abkochen und abkühlen; Fleisch in frischem Wasser auf den Siedepunkt bringen und mit kaltem Wasser abspülen

Bouquet garni: Kräuter- und Gemüsebündel, beliebig zusammengesetzt aus Zwiebeln, Breit- und Schnittlauch, Thymian, Lorbeer, Petersilie, Sellerie, auch Estragon, Bohnenkraut und Dill

braisieren: schmoren, dämpfen, in wenig Flüssigkeit zugedeckt garen

Bresaola: luftgetrocknetes, gesalzenes Rindfleisch

Brunoise: in kleine Würfel geschnittenes Gemüse

Butter: Handelsbezeichnungen in der Schweiz sind Butter und Vorzugsbutter (wie in Deutschland), weiter Kochbutter, ferner eingesottene Butter oder Gourmetbutter (entspricht in der Verwendung dem deutschen Butterschmalz).

alla casalinga: nach Hausmacherart

Chiffonade: Sauerampfer oder Kopfsalat in kleine, feine Streifen geschnitten

Concasser: grob gehackte Tomaten, Petersilie, Zwiebeln und anderes

alla contadina: auf bäuerliche, ländliche Art

Coppa: luftgetrocknetes Nackenstück vom Schwein

Coulis: durchgeseihte Brühe oder Fruchtsauce

dresser: anrichten, zubereiten; gekochte und kalte Speisen gluschtig (siehe dort) herrichten

émincer: Fleisch oder Gemüse in dünne Blättchen schneiden

farcir: Füllen von Fleisch, Geflügel(teilen) und Gemüse

Fonds: verschiedene Grundbrühen für Saucen, Suppen und anderes

geräucht: geräuchert

glacer: ein Gemüse mit wenig Bouillon und Butter dämpfen, bis der vollständig eingekochte Saft das Gemüse überglänzt

gluschtig: appetitlich, lecker

gratiner: geeignetes Gericht goldgelb überbacken

Halbrahm: süsse oder saure Sahne (siehe Rahm) mit 15% Fett; in Deutschland üblicher Fettgehalt: 10 oder 20%

Julienne: in feine Streifen geschnittene Zutaten

Mascarpone: (italienische) Art Sahnequark

monter, montieren: siehe aufmontieren

napper, nappieren: ein Gericht mit Sauce überziehen

della nonna: nach Grossmutters Art

del nonno: nach Grossvaters Art

parfumieren: ein Gericht mit einer wohlriechenden Substanz abschmecken

Passevite: über Handkurbel betriebenes Sieb zum Pressen von (gekochtem) Gemüse und Obst

Pelati: Dosentomaten, in der Regel die kleine, aromatische, fast flaschenförmige Art

pochieren: Fleisch, Geflügel oder Fisch in kurzem Fond (siehe dort) langsam gar werden lassen sowie Farcen und Füllungen in Formen im Wasserbad garen. Beim Pochieren sollte das Wasser deutlich unter dem Siedepunkt auf etwa 70 °C gehalten werden. Eiweisshaltige Lebensmittel wie Geflügel und Fisch kann man auch im Mikrowellengerät (Achtung: mit reduzierter Leistung!) pochieren.

Rahm: (süsse oder saure) Sahne mit in der Regel 30 % Fett

alla riverasca: auf ländliche Art

Roux: Mehlschwitze (Mehlschweize) zum Binden von einem Fond

Ruchmehl: in der Schweiz seit langem übliches (Brot-)Mehl. Es enthält einen Teil der äusseren Schichten des Getreidekorns, ist deutlich dunkler als Weissmehl, aber heller und weniger gehaltvoll als Vollkornmehl.

Salpicon: in Würfel geschnittenes Fleisch oder Gemüse, mit weisser oder brauner Sauce gebunden

sautieren: in Stücke geschnittenes Fleisch, Geflügel oder Gemüse in einer Pfanne schnell anbraten

Semmel: Brötchen, Wecken

Stracchin: Tessiner Weichkäse mit Edelschimmel nach Art des Gorgonzola

tranchieren: in dünne Scheiben schneiden

währschaft: kernig, solide, tüchtig, kräftig – ein vielseitiges Schweizer Adjektiv

Zestes: Zitronen- oder Orangenschalen sehr dünn abgeschält oder abgerieben

Zvieri: Vesper, Zwischenmahlzeit am Nachmittag um etwa 16 («vier») Uhr

Nun hoffen wir, dass Sie sich von diesen einleitenden Kapiteln genügend auf das kontrastreiche, herrliche Tessin und seine Küche haben einstimmen lassen. Ob Sie eher Bekanntes nachkochen oder Ihrem Mut zu Unbekanntem vertrauen, Sie werden nicht enttäuscht werden.

PERNICE
MERLOT DEL TICINO
ROSATO

Vorspeisen

Auberginen mit Schinken und Käse

Melanzane con prosciutto e Formagella

Dies gilt als ein besonderes und für das Tessin neuartiges Gericht, das man oft in Restaurants in Ascona und Locarno angeboten bekommt. Je nach Grösse der Portion wird es auch als Vorspeise serviert.

4 mittelgrosse Auberginen, Salz, 100 ml Olivenöl, 20 g Butter, Pfeffer aus der Mühle, 8 Tranchen Rohschinken, 2 Tomaten, 8 Basilikumblätter, 2 Salbeiblätter, 200 g magerer Formagella *(Tessiner Weichkäse), 4 Basilikumblätter zum Garnieren*

Auberginen waschen, in Scheiben schneiden und mit Salz würzen. In dem Olivenöl und der Butter auf beiden Seiten braten.

Die Auberginenscheiben auf 4 Gratinplatten kreisförmig anrichten. Mit Pfeffer würzen. Mit je 2 Tranchen Rohschinken belegen, die Tomaten in Scheiben schneiden und darauf verteilen. Die feingeschnittenen Kräuter darüberstreuen. Mit dem dünn geschnittenen Formagella belegen.

Im Ofen bei 200 °C schmelzen lassen. Mit den Basilikumblättern garnieren.

Heimischer Aufschnitt

Affettato nostrano

Käschen in Olivenöl

Formaggini sott'olio

Heimischer Aufschnitt

Antipasti (Vorspeisen) par excellence! Vor allem, wenn sich zur Vielfalt an Wurst, Fleisch und Schinken der leckere Käse gesellt. Mit Land- oder Holzofenbrot und einem Glas *nostrano*, dem selbst angebauten Wein, als Vesperbrett oder Vorspeise – eine herrliche Mahlzeit.

Rohschinken, coppa *(Nackenstück),* salami nostrano *(grobe hausgemachte Salami),* pancetta arrotolata *(gerollter Bauchspeck),* mortadella di fegato cotto *(gekochte Lebermortadella),* bresaola *(luftgetrocknetes, gesalzenes Rindfleisch), eingelegte Steinpilze und Zwiebelchen*

Käschen in Olivenöl

Diese kleinen Frischkäse aus Ziegen- oder Kuhmilch werden unterschiedlich gewürzt, je nachdem in welchem Tal sie hergestellt werden. Man sagt, die besten kommen aus dem Valle di Múggio.

4 kleine Formaggini, 1 TL schwarze Pfefferkörner, 2 Salbeiblätter, 1 kleiner Zweig Rosmarin, 1 kleiner Zweig Thymian, 4 Blätter Basilikum, 2 Knoblauchzehen, 1 roter peperoncino *(kleine Pfefferschote), 200 ml kaltgepresstes Olivenöl*

Die Formaggini in ein Glasgefäss legen. Pfeffer und Knoblauch fein zerdrücken und zusammen mit Kräutern und Peperoncino beifügen. Mit Olivenöl zudecken. Glas verschliessen und mindestens 2–3 Tage stehen lassen, ehe sie mit Rotweinessig beträufelt zu Holzofenbrot serviert werden.

Pilze in Öl und in Essig

Funghi sott'olio e sott'aceto

Das Einmachen von Pilzen, speziell von Steinpilzen, ist im Tessin sehr beliebt, gleich ob in Öl oder in Essig. So sind die Pilze lange haltbar und können jederzeit zu einem Antipasto serviert werden, zum Beispiel mit einer *coppa* (Nackenstück) und mit Trockenfleisch. Sie schmecken aber auch sehr gut zu frischem Landbrot und Merlot.

Sott'olio

1 kg frische gemischte Pilze, Salz, frisch gemahlener Pfeffer, je 1 Zweig Majoran und Thymian, kaltgepresstes Olivenöl nach Bedarf. 100 ml Kräuteressig

Pilze säubern, waschen, trocknen und anschliessend in eine flache Kasserolle geben. Mit Salz und Pfeffer würzen, Majoran- und Thymianzweiglein beigeben. Mit Olivenöl zugedeckt etwa 30 Minuten kochen lassen. Den Kräuteressig beigeben. Wenn es keinen Schaum mehr gibt, abschmecken, in Einmachgläser füllen und sofort verschliessen.

Sott'aceto

1 kg frische (Stein-)Pilze, Salz, 1 Lorbeerblatt, 1 Rosmarinzweig, etwa 6 Wacholderbeeren, Kräuteressig nach Bedarf

Pilze gut säubern und je nach Grösse vierteln oder achteln. In einem Liter Salzwasser kochen, abschäumen lassen. Nach 5–8 Minuten die Pilze abschütten und gut abtropfen lassen. In Einmachgläser füllen und die Kräuter beigeben. Mit siedendem Kräuteressig auffüllen und sofort verschliessen.

Eingelegte Zucchetti

Zucchini in carpione

Ein leichtes, sommerliches Antipasto. Diese raffiniert einfache Vorspeise verlangt nach einem ausgesuchten Rotweinessig.

600 g grosse Zucchetti (Zucchini), schwarzer Pfeffer aus der Mühle, Salz, 100 ml Olivenöl. 1 Zwiebel, 2 Knoblauchzehen, 80 g rote peperoni *(Paprika), 300 ml Rotweinessig, 4 Basilikumblätter, etwas frischer Thymian*

Die ungeschälten Zucchetti waschen und der Länge nach in dünne Streifen schneiden. Würzen und in Olivenöl goldgelb bis hellbraun braten. Mit Haushaltpapier abtrocknen und in eine tiefe Schüssel geben.

Zwiebeln hacken, Knoblauch in Scheibchen und Paprika in Würfel schneiden, in wenig Öl dünsten, mit Rotweinessig ablöschen und aufkochen lassen. Nötigenfalls nachwürzen, geschnittene Kräuter beigeben und über die Zucchetti giessen.

Nach zwei Ruhetagen schmeckt dieses einfache Gericht optimal.

Suppen und Eintöpfe

Auberginensuppe mit Tomaten

Zuppa di melanzane con pomodori

Wie polierter Lack glänzt die schwarzviolette Haut der Aubergine. Ihr saugfähiges Innenleben nimmt vielerlei Gewürzgeschmack leicht auf und läßt zahlreiche Arten der Zubereitung zu. Seit Jahren wird die meiste Ware importiert, doch können in der Tessiner Magadinoebene bis zu 500 Tonnen dieser Gemüsefrucht jährlich geerntet werden.

Diese Suppe kann man im Sommer auf Eis auch kalt servieren.

400 g Auberginen, 30 g Zwiebeln, 1 EL Olivenöl, 300 ml Geflügelbouillon, 1/2 Liter Milch, 1 Zweig Thymian, 200 ml Rahm, 200 ml saurer Halbrahm (15 % Fett), Salz, Pfeffer aus der Mühle, 40 g Tomaten, 4 kleine Pfefferminzeblätter

Die Auberginen in Würfel schneiden, die Zwiebeln hacken und in einer Kasserolle in Olivenöl dünsten. Geflügelbouillon beifügen und die Auberginen weich kochen. Milch und Rahm dazugeben und die Suppe mit Thymian abschmecken.

Im Mixer pürieren und durch ein Sieb passieren. Die Suppe nochmals aufkochen und den sauren Halbrahm darunterziehen, würzen. In Tassen füllen und mit gewürfelten enthäuteten Tomaten und Minzeblättern garnieren.

Bohneneintopf

Ur putacin

Die weisse Bohne ist das bekannteste Mitglied der grossen Bohnenfamilie. Sie gehört zu den einheimischen Lebensmitteln. Wer kennt nicht die *minestrone* mit weissen oder farbigen Bohnen oder die *fagioli al forno*, die in würziger Tomatensauce im Ofen stundenlang geschmort werden. Der Gehalt an Phosphor, Kalium, Kalzium und Eisen ist in Bohnen höher als in den meisten anderen Gemüsearten.

200 g getrocknete weisse Bohnen (Perlbohnen), 20 g getrocknete Steinpilze, 1 Zwiebel, 20 g Schweinefett, 2 Knoblauchzehen, 50 g pancetta *(Bauchspeck), 120 g* salsiccia *(Tessiner Schweinsbratwurst). 2 EL Tomatenpüree, etwa 1 Liter Bouillon, 1/2 Lorbeerblatt, 1 Rosmarinzweig, Salz, Pfeffer aus der Mühle, wenig Cayennepfeffer. 400 g Kartoffeln, 4* Luganighe *(Tessiner Schweinshackwurst)*

Die Bohnen über Nacht in viel Wasser einweichen.

Die Pilze etwa 2 Stunden in warmem Wasser aufquellen lassen, abschütten und grob hakken. Zwiebel hacken und im Fett dämpfen. Knoblauch pressen, Pancetta in Streifen schneiden und mit den Pilzen und dem Bratwurstfleisch dazugeben und mitrösten.

Tomatenpüree zufügen, andünsten lassen und mit Bouillon auffüllen. Kräuter und Gewürze beifügen und aufkochen lassen. Die abgetropften Bohnen zugeben und das Ganze zugedeckt etwa 1 Stunde schmoren lassen.

Kartoffeln schälen und in Würfel schneiden. Luganighe auf beiden Seiten anbraten. Die Kartoffelwürfel unter die Bohnen ziehen, eventuell Wasser beigeben. Die Luganighe auf die Bohnen legen und nochmals 25–30 Minuten kochen lassen.

Eintopf mit Kabis

Cazzöla

Ein köstliches rustikales Wintergericht, das ursprünglich aus Mailand stammt und heute hauptsächlich in den Tälern des Sottoceneri verbreitet ist. Dort gedeiht der Weisskohl, Kabis oder Chabis, der in Westdeutschland auch Kappes genannt wird.
Die Fleischsorte kann abgewandelt werden, aber es darf nie geräuchtes (geräuchertes) sein und muss immer vom Schwein stammen.

1 kg Schweinsbrustspitze, Salz, Pfeffer aus der Mühle, 2 EL Mehl, 100 ml Olivenöl, 150 g nicht geräuchter Speck, 100 g Zwiebeln, 150 g Karotten, 100 g Knollensellerie. 1 EL Tomatenpüree, 200 ml Weisswein, 2 Blätter Salbei, 1 Zweig Rosmarin, 1/2 Liter Bouillon, 1 kg Weisskohl.
4 Luganighe *(Tessiner Schweinshackwurst)*

Das Fleisch in Würfel schneiden, würzen, mehlen und im erhitzten Öl anbraten. Den Speck würfeln, beigeben und glasig anbraten. Die Zwiebeln hacken, Karotten und Sellerie fein schneiden, alles beifügen und auf kleinem Feuer mitdünsten.
Tomatenpüree dazutun, leicht andünsten, mit Weisswein ablöschen und einkochen lassen. Salbei und Rosmarin beifügen, mit Bouillon auffüllen und etwa 1 Stunde sieden lassen.
Den Kohl grob schneiden, in den Bräter geben und nochmals etwa 1 Stunde garen lassen.
20 Minuten vor dem Servieren die Luganighe beigeben. Gut passen Salzkartoffeln zu diesem Eintopf.

Fleischbouillon mit Röstbrot

Minestra di Riviera

Die raffiniertesten Rezepte wurden von Köchinnen gutbürgerlicher Familien untereinander ausgetauscht. Sie versuchten, mit den ihnen zur Verfügung stehenden einheimischen Produkten neue Gerichte zu kreieren. Diese Minestra wurde einst nur an Fest- und Feiertagen in den herrschaftlichen Patrizierhäusern in Brissago serviert.

1 Liter Fleischbouillon.
200 g Kalbfleisch, 100 g salami nostrano *(hausgemachte Salami), 1 Bund Schnittlauch, 40 g Sbrinz, 1 Ei, Salz, Pfeffer aus der Mühle.*
4 Scheiben Toastbrot, Mehl, 2 Eier, Öl

Die Bouillon erhitzen.
Kalbfleisch, Salami und Schnittlauch fein schneiden, Sbrinz reiben, alles in eine Schüssel geben, mit dem Ei vermischen und würzen.
Die Toastbrotschnitten mit dieser Masse auf beiden Seiten bestreichen, leicht mehlen, durch die aufgeschlagenen Eier ziehen und in Öl backen.
Brot zweimal diagonal schneiden, in Suppentellern anrichten und mit der heissen Bouillon auffüllen.

Tessiner Gemüsesuppe

Minestrone ticinese

Die Minestrone gilt als Königin der Suppen. Ursprünglich in Italien in der Lombardei heimisch, wird diese köstliche Suppe im Tessin liebevoll zubereitet, ohne dass es ein streng gehütetes Rezept gäbe. Die Wahl des Gemüses richtet sich nach der jeweiligen Saison. Gegenüber dem italienischen Vorbild wird die Tessiner Minestrone ohne Reis und Teigwaren gekocht.

80 g Karotten, 50 g Knollensellerie, 70 g Porree (Lauch), 60 g Weisskohl, 50 g Kürbis, 50 g grüne Bohnen, 50 g Kohlraben, 50 g Zwiebeln, 2 Knoblauchzehen, 30 g Speckwürfel (pancetta), *3 EL Olivenöl, 30 g Tomatenpüree, 2 Liter Rindsbouillon. 50 g gekochte weisse Bohnen, 100 g Kartoffeln, Salz, Pfeffer, 5 Basilikumblätter, 1 Salbeiblatt, 80 g Parmesan oder Sbrinz*

Die Gemüse feinblätterig schneiden und mit gehackten Zwiebeln, gepresstem Knoblauch und Speckwürfeln im Olivenöl dünsten. Tomatenpüree zufügen, mitdünsten und mit Bouillon auffüllen. Etwa 30 Minuten sieden lassen.

Weisse Bohnen und feingeschnittene Kartoffeln beigeben, nochmals 20 Minuten leicht kochen lassen. Die Minestrone mit Salz und Pfeffer und zum Schluss mit den geschnittenen Kräutern würzen. Mit geriebenem Parmesan oder Sbrinz servieren.

Anstelle von Bouillon kann man auch Wasser nehmen und eine Rinderhaxe und einen Kalbsfuss mitkochen.

Gerstensuppe

Orzata

Die Gerstensuppe aus dem Onsernonetal, mit Kartoffeln und getrockneten Bohnen, spiegelt die Kochkunst der armen Leute wider. Das Rezept ist ein Beweis, wie phantasievoll sich billige Grundnahrungsmittel miteinander kombinieren lassen.

80 g Bohnen, grün und gedörrt, 30 g Porree (Lauch), 30 g Karotten, 20 g Knollensellerie, 30 g Speck, 20 g Zwiebeln, 2 EL Butterschmalz (Gourmetbutter), 80 g Gerste, 2 1/2 Liter Bouillon.
2 kleine Kartoffeln, Salz, Pfeffer aus der Mühle, 4–5 EL Milch, 1 EL Petersilie

Die Bohnen über Nacht einweichen. Lauch, Karotten, Sellerie und Speck in kleine Würfel schneiden und mit den gehackten Zwiebeln in Butter dünsten. Die eingeweichten Bohnen fein schneiden und zusammen mit der gewaschenen Gerste beifügen. Mit Bouillon auffüllen und etwa 1 1/2 Stunden köcheln lassen. 20 Minuten vor dem Servieren die kleingeschnittenen Kartoffeln beigeben, würzen. Falls nötig mit Wasser verdünnen. Die Milch beigeben und mit gehackter Petersilie bestreuen.

Kastanien-Steinpilz-Suppe

Zuppa di castagne e porcini

In den Kastanienwäldern gedeihen nicht nur auf den Bäumen Kastanien, der findige Pilzsammler sucht auch unter dem goldenen Kastanienlaub den edlen Steinpilz. Steinpilze und Kastanien lassen sich gut kombinieren.

120 g Zwiebeln, 2 EL Olivenöl, 200 g frische Steinpilze, 200 ml Merlot, 250 g Kastanienpüree, 1 1/2 Liter Geflügelbouillon, 1 Rosmarinzweiglein, Salz, Pfeffer aus der Mühle, 200 ml Rahm.
200 g Toastbrot

Die gehackten Zwiebeln im Olivenöl dünsten, die gewaschenen und geschnittenen Steinpilze beifügen und mitdünsten. Mit Merlot ablöschen, Kastanienpüree dazutun, mit der Geflügelbouillon auffüllen, das Rosmarinzweiglein zufügen. Mit Salz und Pfeffer würzen, etwa 20 Minuten sieden lassen, kurz vor dem Servieren den Rahm beifügen.
Toastbrotscheiben rösten, auf vier Teller verteilen und mit der Suppe auffüllen.

VENDEMMIA 1989

Kürbissuppe

Bülbora

Wenn vom Oktober bis in den März die grüngrauen einheimischen Melonenkürbisse feilgeboten werden, so duftet es in der Region von Locarno nach dieser währschaften Kürbissuppe.

1 kg Kürbis, 1/2 Liter Bouillon.
1 Zwiebel, 30 g Butter, 300 ml Vollmilch, Salz, Pfeffer.
150 ml Rahm, 80 g gekochte weisse Bohnen, Sbrinz nach Belieben

Den Kürbis schälen, grob schneiden und in der Bouillon weich sieden. Im Mixer pürieren. Die Zwiebel fein hacken, in Butter dünsten und das Kürbispüree beigeben, aufkochen lassen. Die Milch dazugeben und unter ständigem Rühren etwa 15 Minuten kochen lassen, würzen.

Kurz vor dem Servieren mit Rahm verfeinern. Die Bohnen beifügen und in einer irdenen Schüssel anrichten. Geriebenen Sbrinz separat dazu servieren.

Kuttelsuppe nach Hausmacherart

Busecca alla casalinga

Die feinen Minestre, die wir uns heute als währschafte Spezialitäten schmecken lassen, wurden früher als Hauptmahlzeit gegessen. Die Grundnahrungsmittel gedeihen bestens im Tessin. Die erfindungsreiche Tessiner Hausfrau verarbeitet Fleisch, Innereien, Wurst, Gemüse und Kartoffeln zu köstlichen Suppen.

200 g Karotten, 1 mittelgrosse Sellerieknolle, 200 g Lauch, 1/2 Wirsing, 500 g Kutteln vom Rind, 1 Zwiebel, 1–2 Knoblauchzehen, 50 g Bauchspeck (pancetta), *4–5 EL Olivenöl, 4 geschälte Tomaten.*
200 ml Merlot, 3/4 Liter Rindsbouillon, frischer Basilikum und Rosmarin, 1 TL Kümmel.
1 luganiga *(Tessiner Schweinshackwurst), geriebener Sbrinz nach Geschmack*

Das Gemüse und die Kutteln in feine Blätter, Scheiben und Streifen schneiden. Zwiebel und Knoblauch fein hacken und zusammen mit der feingewürfelten Pancetta in heissem Olivenöl andünsten. Das Gemüse und die Kutteln beifügen und langsam mitdünsten lassen. Die Tomaten entkernen, hacken und zufügen.

Mit Merlot ablöschen, mit Bouillon auffüllen und auf kleinem Feuer etwa 30 Minuten sieden lassen. Am Schluss die frisch gehackten Kräuter und den Kümmel beifügen.

Die Luganiga braten und in Scheiben schneiden. Vor dem Servieren die Wurst in die Suppe geben, mit Sbrinz bestreuen.

ALLA MAGGIA
ERNIC
MERLOT
TICINO
ROSATO
AGRICOLA
ALLA MAGGIA SA
SVIZZERA

Linseneintopf mit Cotechini

Lenticchie con cotechini

Die Tessiner Küche ist eine *cucina povera*, das heisst eine Küche der armen Leute, auch im Bereich der Eintöpfe. Laut alten Tessinern war früher die Selbstversorgung mit allen robusten Gemüsesorten und hausgemachten Würsten eine Selbstverständlichkeit.

400 g Linsen.
80 g Speck, 80 g Knollensellerie, 1 grosse Kartoffel, 100 g Karotten, 2 Knoblauchzehen, 80 g Zwiebeln, 20 g Butter, 200 ml Rotwein, 1 geschälte Tomate.
400 g pelati *(Dosentomaten), Salz, Pfeffer,*
4 cotechini *(Brühwurst aus Schweinefleisch)*

Die Linsen einige Stunden in Wasser einweichen, abgiessen.
Speck und Gemüse würfeln, Knoblauch und Zwiebeln hacken. Zwiebeln, Knoblauch, Linsen mit Speck, Karotten und Kartoffeln in Butter anziehen lassen. Mit Rotwein ablöschen. Die Tomate und Pelati beifügen, würzen und alles rund 1 Stunde schwach kochen lassen.
Die Cotechini in Wasser etwa 40 Minuten pochieren. Würste aus dem Wasser nehmen und mit den Linsen nochmals 40 Minuten kochen lassen.

"Cuvée" Speciale 1988
Questo è un vino unico
scelto fra i Merlot del 1988,
allevato con cura in una
botte di rovere di 10560 litri
Fratelli Valsangiacomo
Fu Vittore, a Chiasso

Fleischgerichte

Fleischklösschen nach Grossmutters Art

Polpette della nonna

Fleischklösschen, raffiniert bereitet, können ein Hochgenuss für den verwöhnten Gourmet sein. Wichtig ist die richtige Zusammenstellung des Fleisches. Die *nonna* (Grossmutter) eines Grottos im Valle Mággia serviert sie mit einer duftenden Tomatensauce.

80 g Weissbrot ohne Rinde, 100 ml Milch. 1 Ei, 250 g gehacktes Rindfleisch, 250 g gehacktes Lammfleisch, 100 g Luganiga *(Tessiner Schweinshackwurst), 30 g geriebener Parmesan, 1 EL feingehackte Petersilie, 1 EL feingehackter Basilikum, 1 gepresste Knoblauchzehe, 1 TL abgeriebene Zitronenschale, Salz, schwarzer Pfeffer aus der Mühle, Mehl, 1 EL Olivenöl*

Das Brot in Würfel schneiden und in der Milch etwa 15 Minuten einweichen.

Das Ei aufschlagen und mit dem eingeweichten und ausgedrückten Brot, dem Fleisch und den übrigen Zutaten in einer grossen Schüssel gut durchkneten. Aus der Masse Kugeln formen, leicht mehlen und in heissem Öl in der Bratpfanne bei mässiger Hitze 8–10 Minuten braten. Die fertig gebratenen Klösschen ohne das Bratöl in eine Tomatensauce (siehe S. 146) geben und servieren.

Hackbraten nach Hausmacherart

Polpettone alla casalinga

Hackbraten-Variationen gibt es viele. Die Tessiner Hausfrau weiss, dass es in erster Linie auf die Wahl der Fleischmischung ankommt. Der *polpettone della povere gente* von früher, der nur mit Rindfleisch und Brot zubereitet wurde, ist heute durch unseren Wohlstand ein wenig in Vergessenheit geraten.

200 g Rindfleisch, 200 g Pouletschenkelfleisch, 200 g salsiccia *(Bratwurstfleisch), 200 g Schweineschulter, 80 g Schinken, 2 Semmeln, 100 ml Rahm, 1 Bund Petersilie, 1 Zwiebel, 2 gepresste Knoblauchzehen, 1 Ei, Salz, Pfeffer aus der Mühle.*
20 g Butterschmalz (Gourmetbutter).
1 kleine Karotte, 1/2 Sellerieknolle, 1 EL Tomatenpüree, 300 ml Nostrano-Wein, etwa 1/4 Liter Wasser, 1 Rosmarinzweig

Fleisch und Schinken grob hacken. Die Semmeln im Rahm einweichen. Petersilie und Zwiebel grob hacken, den Knoblauch beigeben. Alles mischen, das Ei dazugeben und würzen. Mit nassen Händen einen Braten formen.

Das Butterschmalz im Bräter erhitzen und den Hackbraten auf allen Seiten anbraten. Aus dem Bräter nehmen.

Das Gemüse kleinschneiden und im Bräter anrösten. Tomatenpüree beigeben und andünsten, mit Rotwein ablöschen und auf ein Drittel einkochen lassen. Mit Wasser auffüllen, Rosmarinzweig dazugeben und aufkochen. Die Sauce einkochen, den Hackbraten hineinlegen und im Ofen bei 160 °C 35 Minuten braten. Hackbraten herausnehmen und warm stellen. Wenig Wasser in die Sauce geben, aufkochen lassen und passieren. Abschmekken. Hackbraten aufschneiden und mit Sauce servieren.

Kalbfleisch in Thun(fisch)sauce

Vitello tonnato

Ein sommerliches Gericht, das seinen wahren italienischen Charakter nicht verheimlichen kann. Vitello tonnato wurde durch die vielen Grenzgänger ins Tessin gebracht. Heute findet es sich auf fast jeder Speisekarte städtischer Restaurants.

gut 3/4 Liter Wasser, 200 ml Weisswein, 5 EL Kräuteressig, 600 g Kalbfleisch (Stotzen), 1/2 Zwiebel, 1/2 Lorbeerblatt, 1 Thymiansträusschen, 1/2 Lauchstengel, 1 geschälte Karotte, 1/2 Stangensellerie, Salz, 5 zerdrückte Pfefferkörner.
Für die Sauce: *2 Eigelb, Salz, Pfeffer aus der Mühle, 150 ml Olivenöl (kaltgepresst), 120 g Thunfisch (abgetropft), 2 Sardellenfilets, 5 EL Sud, 5 EL Mascarpone. Schnittlauch und Basilikum; Oliven und Kapern nach Belieben*

Wasser, Weisswein und Essig aufkochen lassen, das Kalbfleisch dazugeben. Nach etwa 5 Minuten abschäumen, die restlichen Zutaten beigeben und die Hitze reduzieren. Das Fleisch 1–1 1/2 Stunden ziehen und im Sud erkalten lassen. Dann in dünne Scheiben schneiden und auf einer Platte auslegen.
Für die Sauce: Eigelb mit Salz und Pfeffer gut verrühren, das Olivenöl tropfenweise beigeben und daraus eine Mayonnaise herstellen. Die Mayonnaise mit Thun, Sardellen, Sud und Mascarpone im Mixer pürieren. Sauce eventuell mit Sud verdünnen und über das Fleisch giessen. 2–3 Stunden kühl stellen.
Mit geschnittenem Schnittlauch und Basilikum bestreuen. Je nach Belieben mit Oliven und Kapern garnieren.
Vitello tonnato mit frischem Brot servieren.

Kalbfleischvögelchen

Uccelli scappati

Der Tessiner hat eine Vorliebe für pikante Speisen. Das eher fade Kalbfleisch wird in diesem Fall mit Speck und Salbei nach Tessiner Gusto gewürzt.

8 dünngeklopfte Kalbsschnitzel à 70 g, Salz, Pfeffer aus der Mühle, 70 g geriebener Sbrinz, 8 Salbeiblätter, 10 Scheiben geräuchter Speck.
3 EL Olivenöl, 60 g Butter, 100 ml Merlot, 120 ml brauner Kalbsfond.
40 g Mascarpone

Schnitzel auslegen, würzen und mit einem Drittel vom Sbrinz bestreuen. Je ein Salbeiblatt und eine Scheibe Speck darauflegen. Die Schnitzel rollen und mit Holzstäbchen fixieren.
Diese Fleischvögel in Olivenöl und 20 g Butter goldbraun anbraten. Fett abgiessen, mit Merlot ablöschen und mit Kalbsfond auffüllen. Auf schwachem Feuer etwa 8 Minuten schmoren lassen.
Fleisch in tiefe Platte geben, Sauce einkochen lassen und passieren. Mascarpone beifügen, kurz aufkochen lassen, abschmecken und die Hälfte der Sauce über das Fleisch nappieren. Das Fleisch mit dem restlichen Sbrinz und der Butter bestreichen und bei starker Oberhitze im Ofen kurz gratinieren.
Restliche Sauce separat servieren.
Zu diesem vorzüglichen Gericht serviert man einen Risotto oder Nudeln.

Kalbshaxen nach Hausmacherart mit Safranrisotto

Ossobuco alla casalinga con risotto all zafferano

Die klassische Kalbshaxe aus der Lombardei wird in der Tessiner Küche sehr geschätzt. Sie sollte so lange geschmort werden, bis sie butterzart ist. Geriebene Zitronenschale, Kümmel und das teuere, intensiv färbende Gewürz verleihen diesem Gericht einen besonderen Zauber.

1 Zwiebel, 2 Knoblauchzehen, 80 g Karotten, 80 g Sellerie, 50 g Lauch, 4 Scheiben Kalbshaxen à etwa 250 g, Salz, Pfeffer aus der Mühle, Mehl, 50 g Butterschmalz, 1 EL Tomatenpüree, 100 ml Marsala, 100 ml Weisswein. 2 Tomaten, 300–400 ml Bouillon. 1/2 geriebene Zitronenschale, 1/2 TL Kümmel, 2 EL Petersilie, 2 Knoblauchzehen.

***Für den Safranrisotto:** 100 g feingehackte Zwiebel, 75 g Butter, 400 g italienischer Reis (Arborio), 1 1/4 Liter Rindsbouillon, 1 Briefchen Safran (125 mg), 75 g frisch geriebener Parmesan*

Die Zwiebel fein schneiden, den Knoblauch hacken, das Gemüse in kleine Würfel schneiden. Die Kalbshaxen würzen, im Mehl wenden und im Butterschmalz schön anbraten. Zwiebel und Knoblauch dazugeben und glasieren. Einige Minuten später das Gemüse beifügen und mitdünsten. Dann das Tomatenpüree mitrösten lassen, mit Weisswein und Marsala ablöschen und einkochen lassen.
Die Tomaten schälen, entkernen, grob hacken und beifügen, mit Bouillon auffüllen und etwa 1 1/2 Stunden zugedeckt schmoren lassen.
Zitronenabrieb, feingehackten Kümmel, gehackte Petersilie und gepresste Knoblauchzehen vermischen und nach etwa 1 Stunde Kochzeit in die Sauce geben.

Safranrisotto: Die Zwiebeln in der Hälfte der Butter dünsten. Den Reis beifügen und wenige Minuten mitdünsten, mit Bouillon auffüllen, den Safran zugeben, etwa 15 Minuten sieden, vom Feuer nehmen und 5 Minuten ziehen lassen. Zum Schluss die restliche Butter und den Käse sorgfältig daruntermischen.

IMBOTTIGLIATO
VENDEMMIA
1990
CANTINA

Kutteln im Ofen

Trippa del nonno al forno

Zur Fasnachtszeit hat man in einigen Gemeinden und Dörfern die Gelegenheit mitzufeiern. Während einer Woche werden in grossen Eisenkesseln Kutteln, Risotto oder Gnocchi zubereitet. Es gibt Familien, die während dieser Zeit nur noch «auswärts» essen.

*8 Specktranchen, 200 g Kalbfleisch,
750 g rohe Rindskutteln, 2 Zwiebeln,
2 Knoblauchzehen, 200 g Karotten,
150 g Porree (Lauch), 100 g Knollensellerie,
4 Basilikumblätter, 1 Rosmarinzweig, 1 Bund
Petersilie, 2 Gewürznelken, 1 Lorbeerblatt,
Salz, Pfeffer aus der Mühle.
1/2 Liter Weisswein, 100 ml Grappa, 1 Liter
Fleischbouillon, 4 Tomaten*

Eine gut verschliessbare Tonform mit Specktranchen auslegen. Das Kalbfleisch in Würfel und die Kutteln in feine Streifen schneiden. Die Zwiebeln hacken, den Knoblauch pressen, das Gemüse in Streifen schneiden.
Kutteln, Kalbfleisch, Gemüse, Zwiebeln, Knoblauch und die Gartenkräuter in die Tonform geben und würzen.
Weisswein, Grappa und Fleischbouillon dazugiessen und die geschälten, entkernten und grobgeschnittenen Tomaten beigeben.
Topf hermetisch verschliessen und im Ofen 3–4 Stunden schmoren lassen. Kutteln in der Tonform auf den Tisch bringen und mit Petersilienkartoffeln servieren.

Lacrima Vitis

Ochsenschwanz

Stufato di coda di manzo

In den gutbürgerlichen Familien wusste man zu leben, und die Köchinnen liessen sich vom französischen Geschmack inspirieren. Geschmorten Ochsenschwanz findet man heute noch in manchem Grotto. Es ist aber von Vorteil, beim Kellner eine grosse Serviette zu verlangen, denn das Essen dieses vorzüglichen Gerichtes ist eine Schleckerei.

1 kg Ochsenschwanz in etwa 5 cm dicke Stücke geschnitten, 100 g Karotten, 150 g Zwiebeln, 4 Knoblauchzehen, 1 Stangensellerie, Olivenöl, Salz, Pfeffer, 100 g geräuchter Speck, 300 ml Rotwein, 400 g pelati *(Dosentomaten), 4 Wacholderbeeren, Lorbeer, Majoran*

Den Ochsenschwanz mit der Hälfte des Gemüses in Salzwasser etwa 1 Stunde sieden lassen. Herausnehmen und gut abtrocknen. Olivenöl im Bräter erhitzen, den gewürzten Ochsenschwanz beigeben und gut anbraten. Den Speck würfeln und mit dem Rest des zuvor geschnittenen Gemüses beifügen.
Mit Rotwein ablöschen, die Tomaten zufügen und mit den Kräutern aromatisieren. Zugedeckt etwa 2 Stunden schmoren lassen, bis sich das Fleisch vom Knochen löst.
Tessiner Gnocchi schmecken herrlich dazu.

Rindsschmorbraten an Merlot

Brasato di manzo al Merlot

Ein sehr populäres Gericht für alle Tessiner und Heimwehtessiner. Schliessen Sie die Augen, und für einen Moment sitzen Sie unter schattenspendenden Kastanienbäumen in einem der vielen Grotti im Valle Mággia oder im Val Verzasca.

1 kg Rindfleisch (gespickter Schulterdeckel), 1/2 Kalbsfuss, 1/2 Liter Merlot, 1 Glas Grappa, 1/4 Zitronenschale.
20 g getrocknete Steinpilze.
4–5 EL Olivenöl, Salz, Pfeffer.
1/2 Sellerieknolle, 1 Zwiebel, 4 Knoblauchzehen, 50 g geräuchter Speck, 25 g Tomatenmark, 200 g Tomaten, 1/2 Liter Bouillon, Rosmarin, Thymian, 1 Lorbeerblatt, 1 Nelke

Das Fleisch mit Rotwein, Grappa und Zitronenschale einen Tag lang marinieren. Fleisch herausnehmen und gut abtropfen lassen.
Die Pilze in etwas Wasser einweichen.
Das Fleisch und den Kalbsfuss im heissen Olivenöl anbraten, aus der Pfanne nehmen, mit Salz und Pfeffer würzen.
Geschnittene Sellerie, Zwiebel und Knoblauch in einem Bräter mit dem gewürfelten Speck gut rösten. Tomatenmark und Tomaten beifügen und alles reduzieren.
Die Marinade zugeben und etwa auf die Hälfte einkochen. Das angebratene Fleisch und den Kalbsfuss sowie die eingeweichten Steinpilze hinzufügen und mit Bouillon auffüllen. Schließlich die Kräuter dazugeben und bei mässiger Hitze etwa 2 1/2 Stunden schmoren lassen. Falls es notwendig ist, noch Bouillon aufgiessen.
Mit Polenta servieren.

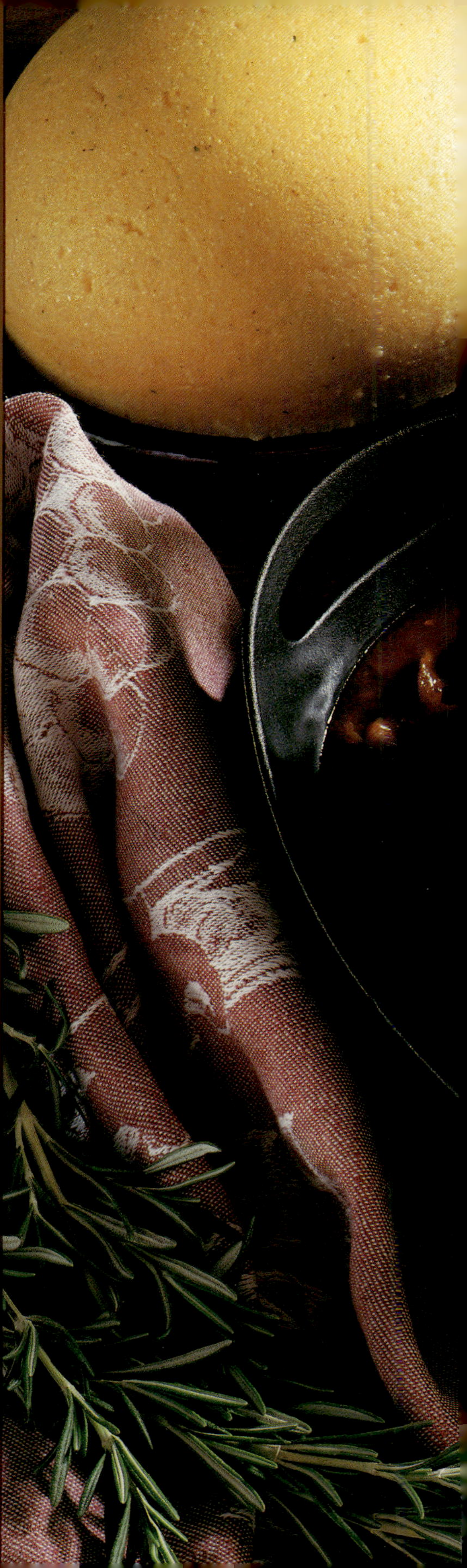

EICHENLAUB
SOLINGEN
ROSTFREI

Geschmortes Zicklein mit Kräutern

Capretto alle erbe

Capretto gilt als typischer Osterschmaus der Tessiner. Viel frischer Rosmarin ist ein sehr wichtiger Bestandteil zum Gelingen dieses Gerichtes. Als Beilage werden meistens in der Schale gebratene neue Kartoffeln gereicht.

2 Zickleinkeulen, Salz, Pfeffer, 50 g Mehl, 4 EL Olivenöl.
100 g Zwiebeln, 100 g Karotten, 100 g Knollensellerie, 2 ungeschälte Knoblauchzehen, 30 g Tomatenmark, 1/2 Liter Merlot del Ticino, 1 TL Rosmarin, 2 Blatt Salbei, 1 TL Thymian, ein wenig Bouillon.
2 Zickleinnieren, 20 g Butterschmalz (Gourmetbutter)

Die küchenfertigen Keulen in grosse Stücke schneiden. Mit Salz und Pfeffer würzen. In Mehl wenden und in heissem Olivenöl in einem Bräter gut anbraten. Fett abgiessen.
Gemüse würfeln und zusammen mit dem ungeschälten Knoblauch beifügen und mitrösten. Mit Tomatenmark abschmecken, mit Rotwein ablöschen, Kräuter dazugeben und bei ständigem Rühren reduzieren. Wenig Bouillon zugeben und im Ofen bei 180 °C etwa 40 Minuten weich schmoren. Die Fleischstücke herausnehmen und zugedeckt warm stellen. Sauce durch ein Spitzsieb passieren, abschmecken und über das Fleisch giessen.
Nieren in Butter kurz braten, halbieren und auf die Fleischstücke legen.

Wild, Geflügel und Pilze

Geflügelragout mit Baumnüssen

Pezzi di pollo alle noci

Lange wurde das zahme Geflügel nur von Tessiner Patriziern verspeist. Es galt als Luxusartikel. Heute sind Geflügelgerichte fast auf jeder Speisekarte anzutreffen. Zubereitungsarten für Geflügel sind unerschöpflich, sehr beliebt und gesund.

2 Hähnchen à 700g, in Stücke geschnitten, Salz, Pfeffer, 1 EL Mehl, 20g Butterschmalz, 100ml Weisswein, 300ml brauner Kalbsfond, 1 mit Nelken und Lorbeerblatt gespickte Zwiebel.
80g Baumnüsse (Walnüsse), 100ml ratafià *(Tessiner Nuss-Kräuter-Likör), 30g Butter*

Die Hähnchenstücke würzen und im Mehl wenden. Das Butterschmalz im Bräter erhitzen und das Fleisch goldgelb anbraten. Die Geflügelstücke herausnehmen und das Fett abgiessen. Den Bratensatz mit Weisswein ablöschen, mit Kalbsfond auffüllen und die gespickte Zwiebel beifügen.

Die Baumnüsse fein hacken und mit den Hähnchenstücken in die Sauce geben, mit Ratafià begiessen. Alles im Ofen bei 180 °C etwa 40 Minuten schmoren, öfter arrosieren. Die Hähnchenstücke herausnehmen und in eine Schüssel geben. Die gespickte Zwiebel entfernen.

Die Sauce aufkochen, im Mixer mit Butter aufmontieren und über die Geflügelstücke giessen. Nochmals aufkochen lassen.

Mit hausgemachten Nudeln servieren.

Gemspfeffer

Camoscio in salmì

Zur Jagdzeit kann man im Tessin, wie übrigens in der ganzen Schweiz, ausgezeichnete Wildgerichte geniessen. Früher wurde oft gewildert, doch heute ist die Jagd vom Staat kontrolliert. Um einen Gemspfeffer aus heimischer Jagd zu geniessen, ist es von Vorteil, wenn man den Wirt kennt.

1 kg Gemsfleisch, in Würfel geschnitten, 1 Stangensellerie, 1 mittelgrosse Karotte, 1 Zwiebel, 1 Nelke, 1/2 Lorbeerblatt, 1 Rosmarinzweig, 1 Thymianzweig, 5 Wacholderbeeren, 10 zerdrückte Pfefferkörner, 1 Liter Barbera (Rotwein). Salz, Pfeffer, 2 EL Mehl, 20 g Butterschmalz, 1/2 Liter Bouillon, 50 ml Grappa

Das Gemsfleisch in eine irdene Schüssel legen. Gemüse kleinschneiden und zusammen mit den Gewürzen zum Fleisch geben. Mit Rotwein zudecken und die Schüssel mit Pergamentpapier abdecken. Das Ganze etwa 1 Woche in der Beize lassen.

Das Fleisch aus der Beize nehmen und gut abtropfen lassen. Die Beize aufkochen und danach durch ein feines Sieb oder Kaffeefilter passieren.

Das Fleisch würzen, mehlen und im heissen Butterschmalz anbraten. Die Gemüse beigeben und mitrösten. Mit der passierten Beize ablöschen, mit Bouillon auffüllen und zugedeckt etwa 2 Stunden schmoren lassen.

Die Fleischstücke aus der Sauce nehmen, Sauce einkochen lassen und mit Grappa abschmecken. Die Sauce durch ein Sieb passieren und über das Fleisch giessen.

Zu diesem Gemspfeffer passt ausgezeichnet eine Polenta.

Hase ländlicher Art

Lepre alla riverasca

Dunkelrotes Hasenfleisch ist ein Hochgenuss für jeden Wildliebhaber, besonders nach einer Beize in Weisswein. Waldpilze, mit ein wenig Knoblauch aromatisiert, harmonieren sehr gut mit dem Aroma des Hasen. Weidmannsheil!

1 Karotte, 1/2 Knollensellerie, 1 Zwiebel, 1/2 Lorbeerblatt, 1 Nelke, 1 Rosmarinzweig, 3 Salbeiblätter, 1/2 Liter Weisswein, 1 Hase von etwa 1 kg, in Stücke geschnitten.
Salz, Pfeffer aus der Mühle, 2 EL Erdnussöl, 100 g pancetta *(Bauchspeck).*
2 Tomaten, 300 ml Fleischbouillon.
200 ml Rahm.
100 g Eierschwämme (Pfifferlinge), 50 g Butter, 1 zerdrückte Knoblauchzehe, 2 EL Petersilie, 100 g Brotcroûtons (Brotwürfel in Butter geröstet)

Die Gemüse in Würfel schneiden, mit den Gewürzen im Weisswein aufkochen, erkalten lassen und über die Hasenstücke giessen. Anschliessend einen Tag lang kühl stellen.

Die Hasenstücke aus der Beize nehmen und mit Küchenpapier gut trocknen, würzen. Beize aufkochen und passieren.

Das Öl im Bräter erhitzen und die Hasenstücke darin anbraten. Fett abgiessen, die feingeschnittene Pancetta dazugeben und kurz mitbraten.

Die Tomaten schälen, in Würfel schneiden und beifügen. Mit Marinade ablöschen und einkochen lassen. Mit Bouillon auffüllen und etwa 1 Stunde schmoren lassen.

Das Fleisch aus der Sauce nehmen und warm stellen. Die Sauce auf starkem Feuer einkochen lassen, Rahm beigeben und aufkochen, dann über das Fleisch giessen.

Die Eierschwämme putzen und in Butter mit Knoblauch anrösten, mit Petersilie überstreuen und über das Fleisch geben. Mit Croûtons garnieren.

Bäuerlicher Kaninchenbraten

Arrosto di coniglio alla contadina

Neben allerlei Geflügel wird vor allem das *coniglio* (Kaninchen) in der Tessiner Kochkunst sehr geschätzt. Ursprünglich wurden die Rezepte dieser Gerichte in den Familien sorgsam gehütet.

1 Kaninchen, etwa 1,5 kg schwer, Salz, Pfeffer aus der Mühle, Paprikapulver, 50 g Butterschmalz, 100 g pancetta *(Bauchspeck), 100 ml Weisswein, 100 ml Geflügelbouillon, 2 Wacholderbeeren, je 1 Zweiglein Rosmarin, Thymian und Majoran, 100 ml Marsala*

Das Kaninchen in gleichmässige Stücke zerteilen und mit Salz, Pfeffer und Paprika würzen. Das Butterschmalz in einer Kasserolle zergehen lassen, die Kaninchenstücke darin anbraten, den Speck würfeln, beifügen und mitbraten. Mit Weisswein ablöschen, Geflügelbouillon sowie Wacholderbeeren und Kräuter beigeben. Im Ofen etwa 30 Minuten zugedeckt braten, dabei öfter übergiessen. Mit Marsala ablöschen und 20 Minuten im Ofen weiter schmoren lassen.
Dieses Gericht wird gerne mit einem Safranrisotto oder einer Polenta serviert.

Kaninchen süss-sauer

Coniglio in agrodolce

Dieses eher seltsame Rezept hat seinen Ursprung im Valle di Blenio, das zum Lukmanierpass führt. Und doch ist dieses Gericht sehr ansprechend! Es wird mit einem *purè di patate* (Kartoffelstock) serviert.

1 Kaninchen von etwa 1,5 kg, in Stücke geschnitten.
Für die Marinade: *1/2 Liter Nostrano-Wein, 50 ml Grappa, 1 Zwiebel, 2 Nelken, 1 Rosmarinzweig, 1 Lorbeerblatt, 10 zerdrückte Pfefferkörner.*
Etwas Mehl, 40 g Butterschmalz, Salz, Pfeffer, 1/2 Liter Fleischbouillon.
1 EL Zucker, 50 ml Essig.
50 g Pinienkerne

Die Kaninchenstücke in eine tiefe Schüssel legen.
Den Rotwein erhitzen und die Marinadenzutaten beifügen, noch warm über das Kaninchen giessen. 2–3 Stunden marinieren.
Die Fleischstücke herausnehmen, auf Küchenpapier trockentupfen, im Mehl wenden und im heissen Butterfett anbraten, würzen. Mit der passierten Marinade ablöschen und einkochen lassen. Fleischbouillon dazugiessen und 45 Minuten schmoren.
Den Zucker in einer Pfanne karamelisieren, Essig beifügen, zum Kaninchen giessen, weitere 15 Minuten kochen lassen.
Das Fleisch aus der Sauce nehmen und in einem Geschirr anrichten, die Sauce einkochen lassen, abschmecken, eventuell nachbinden. Sauce über das Fleisch giessen, mit gerösteten Pinienkernen bestreuen.

Kapaun

Cappone

Wenn Tessiner ein Fest zu feiern haben und wenn dieses Fest gar Weihnachten ist, dann kochen sie für ihre Freunde und Verwandten das Bestmögliche. Berühmt ist der mit Haselnüssen gemästete Truthahn oder der legendäre Kapaun (Masthahn), der bis Weihnachten grossgezogen den Prachtsbraten für die Festtagstafel liefert.

1 küchenfertiger Kapaun von etwa 1,6 kg,
Salz, Pfeffer, 4 ungeschälte Knoblauchzehen,
1 Rosmarinzweiglein.
Olivenöl.
100 ml trockener Weisswein, 200 ml Geflügelbouillon, 30 g gekühlte Butter

Den Kapaun innen und aussen salzen und pfeffern. Knoblauch und Rosmarin in die Bauchhöhle geben.
Olivenöl in einem Bräter erhitzen, den Kapaun dazugeben, im Ofen braten und dabei öfter übergiessen. Nach rund 50 Minuten den gebratenen Kapaun aus dem Bräter nehmen und bei etwa 100 °C warm halten.
Das Fett aus dem Bräter abgiessen und den zurückgebliebenen Bratenfond bei höherer Hitze rasch reduzieren. Mit Weisswein ablöschen, mit Bouillon auffüllen, langsam weiterkochen lassen. Die Sauce mit kalten Butterwürfeln montieren. Separat zum Kapaun servieren.
Als Beilage zu diesem Gericht eignen sich besonders knusprige Bratkartoffeln mit Rosmarin.

Perlhuhn mit Steinpilzen an Rahmsauce

Faraona con porcini alla panna

Wildlebende Perlhühner bevölkern Savannen und Regenwälder Afrikas. Gezähmt wurden diese oft gesellig lebenden, fast haushuhngrossen sehr guten Läufer wohl bereits durch die Griechen und Römer. Seit die Portugiesen sie vor mehr als fünfhundert Jahren von ihren Entdeckungen mitbrachten, werden die Perlhühner in ganz Europa als Hausgeflügel gezüchtet. Ihr intensiver Geschmack erinnert noch sehr an ihre wilden Verwandten und Vorfahren.

2 junge küchenfertige Perlhühner à etwa 800 g, Salz, Pfeffer aus der Mühle, 1 Rosmarinzweig.
60 g Butterschmalz, 40 g Speckwürfel, 1 feingehackte Schalotte.
100 g frische Steinpilze, 300 ml Weisswein, 200 ml Bouillon, 100 ml Grappa, 200 ml Rahm

Die Perlhühner vierteln und würzen. Den Rosmarin hacken und darüberstreuen. Etwa 1 Stunde einwirken lassen.
Das Butterschmalz in einem Bräter erhitzen und die Perlhühner darin schön anbraten. Das Butterfett abgiessen, Speckwürfel und Schalotte beigeben und andünsten.
Die Steinpilze waschen, schneiden und beifügen, mit Weisswein ablöschen und mit Bouillon auffüllen. Grappa dazugiessen und mit Rahm auffüllen.
Den Bräter in den Ofen schieben und die Hühner bei 160–180 °C etwa 30–40 Minuten schmoren, dabei die Sauce öfter umrühren.
Die Perlhuhnteile herausnehmen. Die Sauce abschmecken, eventuell noch etwas Bouillon beifügen.
Die Perlhühner auf einer Platte anrichten und mit der Sauce nappieren. Dazu passen gut Rosmarinkartoffeln.

Gefüllte Steinpilze

Funghi farciti alla «Zocca»

In Chiasso gibt es eine Pilzsammlervereinigung, die «Zocca». Allerdings sind die *fungiatt* (Pilzsucher) so zahlreich geworden, dass sich die Tessiner Regierung veranlasst sah, das Sammeln einzuschränken. Steinpilze dürfen zum Beispiel nur an gewissen Tagen gesammelt werden.

8 gleichmässige Steinpilze, 2–3 EL Olivenöl, Salz, Pfeffer aus der Mühle.
50 g grüner Speck, 50 g gehacktes Schweinefleisch, 100 g gehacktes Rindfleisch, 1 zerdrückte Knoblauchzehe, 1 Bund Schnittlauch, 1 Bund Petersilie, 30 g geriebenes Weissbrot, 20 g geriebener Parmesan, 1 Ei

Die Pilze säubern. Stiele abtrennen und fein hacken. Pilzhüte in heissem Olivenöl rasch anbraten, mit Salz und Pfeffer würzen.

Die gehackten Pilzstiele mit gewürfeltem Speck, Fleisch und Knoblauch anbraten. Kräuter dazugeben und etwa 20 Minuten dünsten, abschmecken. Weissbrot, Parmesan und Ei beifügen, gut mischen.

Mit dieser Masse die Pilzhüte füllen, auf eine geölte Gratinplatte legen und im Ofen bei 180–200 °C etwa 30 Minuten backen.

Man kann während des ganzen Jahres auch ausreichend grosse Champignons für dieses Rezept verwenden.

Fisch

Eglifilet nach Tessiner Art

Filetti di persico alla ticinese

In den kargen Zeiten der alten Tessiner besassen die Fische einen sehr hohen Stellenwert. Fisch wurde dem kirchlichen Brauchtum folgend vor allem am Freitag gegessen. Das Egli gilt aber heute noch als Delikatesse. Oft wird als Beilage eine Polenta dazu serviert.

600–700 g Eglifilet, Salz, Pfeffer aus der Mühle, 60 g Mehl, 2 Eier, 4–5 EL Olivenöl, 8 mittelgrosse frische Salbeiblätter, 80 g Butter, 80 g Tomatenwürfel

Die Eglifilets würzen, im Mehl wenden und durchs Ei ziehen. Das Olivenöl in einer Pfanne erhitzen, die Hälfte der Salbeiblätter und wenig Butter dazugeben, die Eglifilets darin braten.

Die Fischfilets auf einer feuerfesten Platte anrichten und warm stellen. Bratfett abgiessen, restliche Butter in die Pfanne geben, übrige Salbeiblätter beifügen, alles aufschäumen lassen und über die Fischfilets giessen. Die Tomatenwürfel in wenig Olivenöl erwärmen und über die Eglifilets verteilen.

Fisch in Rotweinmarinade

Pesce in carpione

Dieses vorzügliche Fischgericht mundet nach zwei bis drei Tagen Ruhezeit am besten. Ein sehr frisches, eigenständiges Gericht, das die Tessiner mit einem Stück Brot zusammen essen, auftunken, kurz: geniessen.

4 frische Felchen à etwa 300 g, Salz, Pfeffer aus der Mühle, 50 g Mehl, 4–5 EL Olivenöl aus erster Pressung, 1 Zwiebel, 1 kleiner, fester Lauchstengel, 50 g Bleichsellerie, 50 g Krautstiele (weisse und grüne Teile), 1 Karotte.
2 gepresste Knoblauchzehen, 1 Bund Petersilie, 2 Salbeiblätter, 1 kleiner Rosmarinzweig, Majoran, Thymian, 1/2 Lorbeerblatt, 1/2 Liter Rotweinessig, 100 ml Fischbouillon, 100 ml Weisswein, Salz, Pfeffer aus der Mühle

Die sauber geputzten Fische würzen, im Mehl wenden und in der Hälfte des Olivenöls goldbraun braten. Abtropfen lassen und auf eine grosse, tiefe Platte legen. Alle Gemüse fein schneiden und im restlichen Olivenöl dünsten, möglichst ohne Farbe nehmen zu lassen. Den Knoblauch und die geschnittenen Kräuter mit dem Lorbeerblatt beifügen. Mit Essig, Fischfond und Wein ablöschen, mit Salz und Pfeffer würzen.
Diese Marinade siedend über die Fische giessen. Frühestens nach 24 Stunden kühl servieren.

Bachforelle mit Gemüse und Salbei

Trota del botanico alla salvia

In den klaren Gebirgsseen und Flüssen im Tessin finden wir reiche Fischgründe. Spezialitäten aus einheimischen Gewässern werden oft als Köstlichkeiten in Tessiner Ristoranti und Grotti serviert, gesotten, gedämpft, gebacken oder gebraten. Frische Küchenkräuter, wohlduftende Gewürze, kleingeschnittenes Gemüse und Wein verwendet man für eine liebevolle Zubereitung.

4 Bachforellen à etwa 300 g, Salz, Pfeffer aus der Mühle, Saft von 1 Zitrone.
60 g Zwiebeln, 100 g Karotten, 80 g Sellerie, 50 g Butter, 1 Bund Petersilie, 4 Salbeiblätter, 200 ml Weisswein.
Thymian

Die Forellen ausnehmen und mit Haushaltpapier trockentupfen. Mit Salz, Pfeffer und Zitronensaft innen und aussen würzen und marinieren.
Die Zwiebeln fein hacken, Karotten und Sellerie in Würfelchen schneiden, in Butter dünsten, grobgehackte Petersilie und Salbeiblätter dazugeben, mit Weisswein ablöschen. Die Gemüsemischung auf eine feuerfeste Gratinplatte und darauf die marinierten Fische legen.
Den feingeschnittenen Thymian über die Forellen streuen, das Ganze im Ofen zugedeckt bei 200 °C rund 20 Minuten schmoren und dabei öfter übergiessen.
Neue Kartoffeln in der Schale, in Fett gebraten und mit Petersilie abgeschmeckt, passen ausgezeichnet zu diesem deftigen Gericht.

TERRE
ALTE

Forelle mit Salbei

Trota alla salvia

Tessiner Hausfrauen servieren die Fische mit Vorliebe in Butter gebraten und mit Salbeiblättern aromatisiert. Denn der herbe Geschmack von Salbei passt ausgezeichnet zu Fisch.

4 frische Bachforellen, Salz, Pfeffer aus der Mühle, etwas Zitronensaft, 4–5 EL Rahm, 40–50 g Mehl.
2 EL Erdnussöl, 70 g Butter.
8 kleine Salbeiblätter, 1 Bund italienische Petersilie, 4 halbierte Zitronen

Die Forellen ausnehmen, unter fliessendem Wasser reinigen und mit Küchenpapier trockentupfen. Mit Salz und Pfeffer innen und aussen würzen und mit Zitronensaft beträufeln. Die Fische in den Rahm legen und im Mehl wenden. Überflüssiges Mehl abklopfen. Das Öl in einer Bratpfanne erhitzen, 30 g Butter beifügen. Die Forellen darin goldgelb braten und dabei öfter übergiessen.

Auf einer heissen Platte anrichten, das Öl abgiessen, die restliche Butter in die Pfanne geben und aufschäumen lassen. Die Salbeiblätter dazugeben und alles über die Forellen giessen. Mit Petersilie und halben Zitronen servieren.

Gekochte neue Kartoffeln mit viel gehackter Petersilie passen ausgezeichnet dazu.

Saibling in Butter

Salmerino al burro

Dieser äusserst wertvolle Fisch ist in den Schweizer Alpenseen nördlich des Sankt Gotthard, aber auch im Luganer See und im Lago Maggiore beheimatet. Doch obwohl der Luganer See, durch eine hochmoderne Kläranlage gereinigt, inzwischen wieder zum Baden ladet, ist hier der Salmerino nur noch selten anzutreffen. Dieser zarte Fisch mit rötlichem Fleisch ist also nicht nur eine Delikatesse, sondern auch eine Rarität. Er bedarf einer einfachen, doch sorgfältigen Zubereitung.

4 Salmerini à 250 g, Salz, Pfeffer aus der Mühle, 100 ml Milch, Mehl, 60 g Butterschmalz.
80 g Vorzugsbutter, Saft von 1 Zitrone, 8 Zitronenviertel zum Garnieren

Die Fische ausnehmen, waschen und die Flossen entfernen. Innen und aussen mit Salz und Pfeffer würzen, in Milch und Mehl wenden und im Butterschmalz beidseitig goldbraun braten.
Die Fische auf eine vorgewärmte Platte legen. Vorzugsbutter in einer Lyonerpfanne erhitzen, bis sie schäumt. Zitronensaft beifügen und alles über die Fische geben.
Mit Salzkartoffeln und Zitronenvierteln servieren.

Stockfischragout

Merluzzo in umido

Der getrocknete und gesalzene Dorsch, unter der Bezeichnung Stockfisch meist aus Nordeuropa importiert, ist im Tessin eine traditionelle Fastenspeise. Die ältesten Rezepte wurden aus Klöstern überliefert. Das Salzen und Trocknen der Fische ist eine ideale Konservierungsart und macht diesen Fisch sehr lange haltbar. Vor der Zubereitung ist es sehr wichtig, den Fisch gründlich zu wässern. Dieses Gericht wird mit Polenta serviert.

600 g getrockneter und gesalzener Dorsch, 200 ml Milch, Salz, Pfeffer aus der Mühle, 1 EL Mehl, 100 ml Olivenöl, 20 g Butter. 300 g Zwiebeln, 3 Knoblauchzehen, 200 g pelati *(Dosentomaten), 1 Bund Petersilie, 50 g geröstete Pinienkerne*

Den getrockneten Fisch in Stücke schneiden. Mit kaltem Wasser zudecken und 2–3 Tage einweichen, jeden Tag Wasser erneuern.

Fisch nach dem Wässern 2–3 Stunden in Milch einlegen.

Mit Küchenpapier abtupfen, würzen, im Mehl wenden und in Olivenöl und Butter goldgelb braten.

Die Zwiebeln und den Knoblauch fein schneiden, beifügen und kurz mitdünsten. Die Pelati dazugeben und das Ganze zugedeckt etwa 15 Minuten schmoren lassen.

Die gehackte Petersilie daruntermischen und nochmal abschmecken. Auf einer Platte anrichten und mit gerösteten Pinienkernen garnieren.

Gemüse, Getreide, pikante Kuchen, Teigwaren

Auberginenbrot

Pane di melanzane

Der Anbau der Aubergine, deren Urheimat Westindien ist, fordert eine intensive Pflege. Speziell muß auf die Bewässerung geachtet werden. Bei guten Bedingungen tragen die 60–100 cm hohen Stengel jedoch viele Früchte. Im Tessin ist Erntezeit zwischen August und November.

400 g Auberginen, 30 g Speckwürfel, 2 gehackte Basilikumblätter, 400 g Weissmehl, 300 g Ruchmehl (wahlweise Vollkornmehl), 20 g Salz, 25 g Hefe, 150 ml Milch, 50 g Schweineschmalz, 2 Eier

Die Auberginen der Länge nach halbieren und im Ofen bei 200 °C weich garen, auskühlen lassen. Mit einem Messer grob hacken. Die Masse in einem Passiertuch gut auspressen.

Die Speckwürfel im eigenen Fett glasig braten, Fett abgiessen und die Würfel unter die Auberginenmousse ziehen, Basilikum beifügen.

Die gesiebten Mehlsorten in eine Schüssel geben und salzen. Hefe in lauwarmer Milch auflösen.

Hefemilch, Schweineschmalz, Eier und Auberginen mit dem Mehl vermischen und gut kneten. Den Teig zu einem runden Laib formen, mit dem Messer kreuzweise einschneiden und zugedeckt an der Wärme etwa 30 Minuten gehen lassen.

Mit Mehl bestäuben und im Ofen bei 200 °C 45–50 Minuten backen.

Dieses Brot wird zum Vesper mit *pancetta arrotolata* (gerollter Bauchspeck) und Mortadella gegessen.

Grillierte Auberginen

Melanzane alla griglia

Ein Gericht, das wahrlich keine kulinarischen Wünsche offenlässt. Es überzeugt durch seine Natürlichkeit. Die wahre Kunst beim Grillieren der Auberginen ist die richtige Temperatur. Man erkennt sie daran, daß sich auf den Auberginenscheiben in wenigen Minuten schön dunkelbraune Streifen bilden.

600 g Auberginen, 150 ml Olivenöl, 1 Tomate, 2 gepresste Knoblauchzehen, Salz, Pfeffer aus der Mühle, 1 kleiner peperoncino *(Pfefferschote), 6 Basilikumblätter*

Die Auberginen waschen, trocknen, in etwa 1 cm dicke Scheiben schneiden und in die Hälfte des Olivenöls legen. Die Tomate in heisses Wasser tauchen, schälen, halbieren und die Kerne entfernen. Tomatenfleisch in Würfel schneiden und mit dem Knoblauch im Rest des Olivenöls dünsten, mit Salz und Pfeffer abschmecken.

Die Auberginenscheiben aus dem Öl nehmen und auf dem Grill beidseitig schön grillieren. Auf warmen Tellern anrichten, feingeschnittenen Peperoncino und Basilikum darüber verteilen. In der Mitte die Tomatenwürfel anrichten und mit heissem Olivenöl übergiessen.

Gut passen dazu frisches Landbrot, eine Polenta oder grüner Salat.

Gemüsetorte

Torta di frà (Scarpazza)

Die Kapuzinermönche aus dem Kloster von Bigório oberhalb von Tesserete verstanden es, diese Spinatkuchen überaus schmackhaft herzustellen. Das Originalrezept wurde vermutlich aus Norditalien, aus Ligurien überbracht.

2 Semmeln, 200 ml Milch, 1,5 kg Schnittmangold oder junger Spinat, 1 Zwiebel, 2 Knoblauchzehen, 80 g Butter, 1 Bund Petersilie, 2 Basilikumblätter, 100 ml Sauerrahm, 3 Eier, 150 g Sbrinz, Salz, Muskat, Pfeffer aus der Mühle

Die Semmeln in Milch einweichen.
Mangold oder Spinat in Salzwasser blanchieren, abkühlen lassen und gut ausdrücken. Verwenden Sie Mangold, dann zusätzlich die Stiele klein schneiden, die Blätter können ganz gelassen werden.
Zwiebel und Knoblauch hacken und in Butter dünsten, den Spinat oder Mangold beigeben. Petersilie und Basilikum grob schneiden und darunterziehen.
Die eingeweichten Semmeln mit einer Gabel zerdrücken, mit dem Sauerrahm, den Eiern und 100 g geriebenem Sbrinz vermischen und unter den Spinat oder Mangold ziehen, würzen.
Auf eine runde, gut ausgebutterte Gratinplatte legen, mit dem restlichen Käse bestreuen und im Ofen bei 170 °C etwa 60–70 Minuten backen.

Überbackene Gerstengaletten

Orzolino soffiato di formaggio

Neben dem Mais und Griess für die Zubereitung von *polenta* (Mais- oder Griessbrei) und *gnocchi* (kleine Klösse) findet man in den Tessiner Alpentälern auch die Gerste als Grundlage für Gnocchi oder – wie hier – für abgewandelte Galetten.
Im Gegensatz zu vielen anderen wurde diese Tessiner Bauernspeise aufgewertet zum bürgerlichen Gericht.

Für die Galetten: *40 g Karotten, 20 g Butter, 250 g Rollgerste (Graupen), 1/2 Liter Bouillon, 3 Eigelb, 60 g Parmesan, 1 Bund Schnittlauch, Salz, Pfeffer.*
Für die Käsemasse: *3 Eier, 3 EL Ricotta (Frischkäse), 60 g Greyerzer, 60 g Parmesan, 60 g Paniermehl, Salz, Pfeffer, Muskat*

Für die Galetten: Die Karotten würfeln und in Butter dünsten, gewaschene Gerste dazugeben, mitdünsten und mit Bouillon auffüllen. Aufkochen lassen, vom Feuer ziehen und langsam fertig garen lassen. Die Bouillon sollte am Schluss ganz aufgesogen sein.
Eigelb und geriebenen Parmesan darunterziehen, geschnittenen Schnittlauch beifügen, abschmecken und auf ein geöltes Blech streichen, gut auskühlen lassen. In Tranchen schneiden oder ausstechen.
Für die Käsemasse: Die Eier aufschlagen und den Ricotta, die geriebenen Käse und das Paniermehl daruntermischen. Abschmecken.
Die Galetten auf eine Gratinplatte legen und mit der Käsemasse nappieren. Im Ofen bei 180 °C etwa 20 Minuten backen.
Als Beilage eignet sich grüner Salat.

Rustikale Bratkartoffeln

Galletta rustica

Im 19. Jahrhundert wurde die Polenta – als Beilage – oft durch Kartoffeln ersetzt. Die Kartoffeln waren schon länger als Grundnahrungsmittel eingeführt, Mais war noch rar und teuer. Was sich einst nur die Begüterten leisten konnten, ist heute bei Bauern und Städtern gleichermassen verbreitet.
Um diesem währschaften Gericht eine würzige, duftende Note zu geben, genügen wenige Majoranblättchen.

5 mittelgrosse Kartoffeln, 150 g pancetta *(Bauchspeck), 1 Zwiebel, 15 g Schweinefett, 50 g Butter, Salz, Pfeffer aus der Mühle, 200 g* Formagella *(kleiner, weicher Tessiner Ziegenkäse, nach Geschmack fett oder mager), frischer Majoran*

Die Kartoffeln waschen, schälen und in dünne Scheiben schneiden. Die Pancetta in feine Streifen schneiden, die Zwiebel fein hacken. Schweinefett und Butter in einer Bratpfanne zergehen lassen. Pancetta, Kartoffeln und Zwiebeln beifügen und unter öfterem Wenden auf kleinem Feuer zugedeckt etwa 40 Minuten braten, würzen.
Formagella in Würfel schneiden und untermischen. Majoran beifügen und Kartoffeln knusprig fertig braten.
Dieses einfache Kartoffelgericht kann man als Beilage servieren oder nur mit einem grünen Salat geniessen.

Waldgnocchi

Gnocchi alla boscaiola

Eine ausgesprochen herbstliche Beilage zu Wildbret aus heimischer Jagd sind diese (wörtlich übersetzt) Holzfällerinnenklösschen. Im Verzascatal serviert man diese Gnocchi zu *camoscio in salmì* (Gemspfeffer).

500 g gedörrte Kastanien, 20 g getrocknete Champignons, 500 g Kartoffeln, 200 g Spinat, Salz, Pfeffer, geriebene Muskatnuss, 400 g Weissmehl, 2 Eier

Die Kastanien über Nacht einweichen. In Salzwasser 40 Minuten kochen.

Die Champignons in wenig Wasser einweichen, auspressen und fein hacken.

Die Kartoffeln weich kochen.

Kartoffeln, Spinat, Kastanien und Champignons durch ein Sieb streichen, würzen, mit Mehl und Eiern vermischen. Den Teig etwa 1 Stunde ruhen lassen.

Kleine Gnocchi formen und im Salzwasser pochieren. Wenn sie an der Oberfläche schwimmen, mit einem Sieb herausnehmen.

Die Gnocchi in eine Pfanne geben und mit wenig Butter sautieren.

Gnocchi mit Gorgonzola

Gnocchi al Stracchin

Ursprüngliches, einfach Bodenständiges zuzubereiten, zu essen und zu trinken, wird im Malcantone noch gepflegt. Mit dieser so selten gewordenen Kunst kann man in den vielen Grotti, Ristoranti und *osterie* bei Gnocchi al Stracchin und unverfälschtem Landwein Bekanntschaft und Freundschaft schliessen.

1 kg Kartoffeln, 2 Eier, Salz, Pfeffer, geriebene Muskatnuss, 200 g Mehl, 100 g Gorgonzola (im Tessin: Stracchin*), 50 g Butter, 150 ml Rahm, 2 Salbeiblätter, 40 g Sbrinz, Pfeffer aus der Mühle*

Kartoffeln mit Schale in Salzwasser kochen, warm schälen und pürieren. Eier aufschlagen, Salz, Pfeffer und Muskat beifügen und unter die Kartoffelmasse mischen.

Nach und nach das Mehl dazugeben, bis ein fester Teig entsteht, abschmecken. Auf einem bemehlten Tisch oder Brett lange, nicht zu dicke Rollen formen. In kleine Stücke schneiden und auf einer Speisegabel abrollen. Eine halbe Stunde ruhen lassen.

Den Gorgonzola oder Stracchin in Würfelchen schneiden.

Nach der Ruhezeit die Gnocchi in Salzwasser portionenweise pochieren. Wenn sie auf der Oberfläche schwimmen, mit einer Schaumkelle herausnehmen.

Die Butter in einer Kasserolle schmelzen lassen, die Gorgonzolawürfel beifügen, mit einem Holzlöffel gut durchrühren, mit Rahm auffüllen und aufkochen lassen. Geschnittenen Salbei und geriebenen Sbrinz beifügen, mit Pfeffer abschmecken.

Die Kartoffelgnocchi mit der Sauce vermischen und sofort servieren.

Kartoffelkuchen

Alborada

Erfindungsreiche Tessiner Hausfrauen verarbeiten Kartoffeln nicht nur zu köstlichen Suppen, Gratins und Eintöpfen. Überaus fein schmeckt die Alborada, der Kartoffelkuchen von Lugano.

200 ml Milch, 1 Zimtstange, 4 Toastbrotscheiben ohne Rinde, 80 g Zwiebeln, 60 g Butter, 40 g Schmalz, 1,2 kg Kartoffeln, 200 g geriebener Sbrinz, 3 Eier, Salz, Pfeffer, Muskat

Die Milch mit dem Zimt aufkochen. Die Zimtstange entfernen und das Toastbrot mit der Milch übergiessen.
Die Zwiebeln fein schneiden und in Butter und Schmalz glasig dämpfen.
Die Kartoffeln schälen, kochen und passieren.
Die Zwiebeln, das eingeweichte Brot, den Sbrinz und die aufgeschlagenen Eier unter die Kartoffeln ziehen und würzen.
Eine Gratinplatte ausbuttern, die Masse darauf verteilen und im Ofen bei 180–200 °C etwa 90 Minuten goldgelb backen.

Nudel-Kartoffel-Auflauf

Pastocch

Was für den Urner oder den Nidwaldener auf der nördlichen Seite des Gotthardpasses die Älplermagrone, das ist für den Tessiner aus der Leventina sein Pastocch. Im Gegensatz zu der Älplermagrone wird der Pastocch ohne Zwiebelschwitze serviert.

600 g Kartoffeln, 250 g rigatoni *(kurze, dicke Röhrennudeln), etwas Butter, 200 g Piorakäse, Salz, Pfeffer, geriebene Muskatnuss, 50 g frisch geriebener Parmesan, 150 g Butter*

Kartoffeln schälen, in Würfel schneiden und in Salzwasser nicht zu weich sieden. Rigatoni ebenfalls in Salzwasser nicht zu weich kochen und gut abtropfen lassen.
Eine Gratinplatte ausbuttern und schichtenweise mit Kartoffeln, Piorakäsescheiben und Rigatoni füllen, würzen.
Am Schluss mit Parmesan bestreuen und mit flüssiger Butter übergiessen. Im Ofen etwa 20 Minuten bei 180 °C backen.

Bandnudeln mit Basilikum

Tagliatelle al basilico

Im Sonnenkanton sind Teigwaren heute sehr hoch im Kurs und fordern zu den verschiedenartigsten Kreationen heraus. Ein einfaches, aber sehr schmackhaftes Gericht ist diese Kombination mit frischem Basilikum.

400 Bandnudeln, 1 gepresste Knoblauchzehe, 50 g Butter, 200 ml Rahm, Salz, schwarzer Pfeffer aus der Mühle, 8–10 Basilikumblätter, 40 g Sbrinz, Basilikumsträusschen

Die Nudeln in viel Salzwasser noch bissfest *(al dente)* kochen. Gepressten Knoblauch in Butter anziehen lassen, mit Rahm auffüllen und bis zu einem Drittel einkochen lassen. Mit Salz und viel schwarzem Pfeffer abschmecken. Ganz zum Schluss die feingeschnittenen Basilikumblätter in die Sauce streuen.

Die Nudeln mit der Sauce vermischen, in tiefen Tellern servieren und mit frisch geriebenem Sbrinz bestreuen. Mit Basilikumsträusschen garnieren.

Hausmacherspätzli

Maccheron da Cà

Bis Ende des letzten Jahrhunderts wurde im Tessin der wetterfeste Buchweizen angepflanzt. Er spielte eine wichtige Rolle für die Ernährung der Tessiner. Heute ist dieses wohlschmeckende Korn, das strenggenommen botanisch nicht zu den Getreiden zählt, aus Mitteleuropa fast verschwunden. Im Zuge der Vollwertkost gewinnt Buchweizen aber langsam wieder an Bedeutung. Bei uns bezieht man ihn aus Reformhäusern und Naturkostläden.

2 Eier, etwa 300 ml Milch, 60 g Sbrinz, 4 Basilikumblätter, Salz, Pfeffer aus der Mühle, 300 g Buchweizenmehl, 100 g Weissmehl. Gut 1 1/2 Liter Geflügelbouillon, 350 g Kartoffeln. 1 Bund Schnittlauch, 80 g Parmesan, 60 g Butter

Die Eier aufschlagen und mit der Milch gut verrühren. Den geriebenen Sbrinz und die geschnittenen Basilikumblätter dazugeben und würzen. Das Mehl nach und nach beifügen, bis sich der Teig noch rühren lässt und nicht zu fest wird.

Die Geflügelbouillon aufkochen, die Kartoffeln schälen, würfeln, beigeben und weich kochen, anschliessend abschütten und warm stellen.

Den Teig durch ein Spätzlisieb treiben und in Salzwasser pochieren. Sobald die Spätzli aufsteigen, herausnehmen und abtropfen lassen. Die Spätzli in einer Schüssel mit den Kartoffeln und dem geschnittenen Schnittlauch vermengen. Auf einer Gratinplatte anrichten, mit geriebenem Parmesan bestreuen und mit nussbraun geschmolzener Butter verfeinern.

Hausgemachte Nudeln

Pasta

Kein Nahrungsmittel ist so anpassungsfähig und vielseitig verwendbar wie die *pasta*, Nudeln also. Man kann sie mit Fisch oder Krustentieren, mit Fleisch oder Gemüse, mit einfachen bis raffinierten Saucen oder sogar süss begleitet servieren.

Der Ursprung der Pasta verliert sich in der Vergangenheit. Man kannte sie bereits in der Antike sowohl im Orient als auch in Italien. So ist es nicht verwunderlich, dass sie heute auch im Tessin auf fast jedem Speisezettel anzutreffen sind.

300 g Mehl, 3 Eier, 3 g Salz, 1 EL Olivenöl, 1 EL Wasser

Das Mehl zu einem Kranz formen. Die Eier aufschlagen und mit Salz, Olivenöl und Wasser in die Mitte des Kranzes geben. Das Ganze zu einem festen Teig kneten. In ein Tuch einwickeln und im Kühlschrank etwa 3 Stunden ruhen lassen.

Den Teig dann mit einem Nudelholz oder einer Nudelmaschine auswallen und in die gewünschte Form schneiden. Die Nudeln in viel Salzwasser 3–4 Minuten garen, ehe sie getrocknet werden.

Um die Nudeln länger haltbar zu machen, kann man das Salz im Teig weglassen und das Kochwasser entsprechend stärker salzen.

Aromatisierter Nudelteig:

Steinpilznudeln – Teig mit 1 EL Steinpilzpulver vermischen.

Kräuternudeln – mit 1 1/2 EL feingehackten gemischten Kräutern wie Petersilie, Schnittlauch und Basilikum.

Pestonudeln – Teig mit 1–2 EL *pesto* vermengen (s. nächstes Rezept).

Safrannudeln – dem Nudelteig 1–2 Messerspitzen Safran beifügen.

Kräuterpaste

Pesto

Frische Kräuter prägen die Küche des Tessins. Das Aromatisieren mit Küchenkräutern ist eine wahre Kunst, die zu beherrschen sich lohnt. Der *pesto*, eine Kräuterpaste mit Käse und Pinienkernen, deren Ursprung Ligurien ist, ist auch in der Tessiner Küche sehr beliebt. Von kräftig bis scharf gibt es Pesto in beinahe jedem Dorf mit einer anderen Geschmacksnuance.

5 g grobes Salz, 30 g Pinienkerne, 3 g Knoblauch, 80 g Basilikumblätter, 20 g pecorino *(Tessiner Schafskäse), 80 g Parmesan, 125 ml Olivenöl*

Salz, Pinienkerne und Knoblauch im Mörser zerdrücken, die gewaschenen Basilikumblätter dazugeben. Die beiden Käse fein reiben und zusammen mit dem Olivenöl mit der Masse vermengen.

Pesto kann man nur in grösseren Mengen gut herstellen. Die dicke Sauce lässt sich aber zugedeckt im Kühlschrank einige Tage aufbewahren.

Tomatensauce mit frischen Erbsen

Salsa di pomodoro con piselli

Eine Verfeinerung für manches Tessiner Gericht wie Fleischklösschen (s. S. 75), Hackbraten (s. S. 76) oder Pasta (s. S. 142) stellt diese Sauce dar. Ihre Grundprodukte wachsen bis auf wenige Ausnahmen in jedem besseren Tessiner Garten.

50 g Zwiebeln, 2 Knoblauchzehen, 2 EL Olivenöl, 1 EL Tomatenpüree, 600 g pelati *(Dosentomaten), 1 EL Basilikum, 1 Thymiansträusschen, Salz, Pfeffer aus der Mühle, 250 g feine, frische Erbsen*

Die Zwiebeln fein hacken, den Knoblauch pressen und im Olivenöl in einer Pfanne dünsten. Tomatenpüree beifügen, mitdünsten und die geschnittenen Tomaten dazugeben, anschliessend auf kleinem Feuer etwa 20 Minuten kochen lassen.
Die geschnittenen Kräuter beifügen, mit Salz und Pfeffer abschmecken. Danach die Erbsen dazugeben und nochmals etwa 5 Minuten kochen lassen.

Maisgnocchi mit Formagella

Gnocchi di farina gialla con Formagella

Die Maispolenta war bis in die fünfziger Jahre die Grundnahrung im Tessin und den italienischsprechenden Tälern Graubündens: Misox *(Valle Mesolcina)*, Bergell *(Bregaglia)*, Puschlav *(Val Poschiavo)* und Calancatal *(Val Calanca)*. Durch viel Phantasie wurde ein überraschender Reichtum an Variationen entwickelt. Vor allem durch die Verwendung von fettem Formagella-Käse ist diese Zubereitung ein überaus nahrhaftes Gericht.

250 g Maisgriess, 30 g Mehl, 1 Liter Rinderbouillon, 40 g Butter, Salz, Pfeffer, geriebene Muskatnuss, 2 Eier, 200 g fetter Formagella *(kleiner, weicher Tessiner Ziegenkäse), 2 Tomaten, 100 ml Rahm, 100 ml Sauerrahm, 1 Eigelb*

Den Maisgriess mit dem Mehl vermischen. Die Bouillon mit Butter und Gewürzen aufkochen. Mais unter stetem Rühren einrieseln lassen und 30 Minuten kochen.

Die Eier darunterziehen. Eine Cakeform (Kastenkuchenform) ausbuttern, die Maismasse einfüllen und erkalten lassen. Den Maiskuchen stürzen und in etwa 1 cm dicke Tranchen schneiden.

Die Maisschnitten dachziegelartig, abwechselnd mit Formagella- und Tomatenscheiben, auf eine gebutterte Gratinplatte legen.

Rahm, Sauerrahm und Eigelb vermischen, würzen und darübergiessen. Bei mittlerer Ofenhitze (180–200 °C) goldgelb ausbacken.

Gemüsepolenta

Polenta con verdura

Das «tägliche Brot» ist nicht überall das wirkliche Brot. Es heisst, dass die Tessiner, die in den Alpen wohnten und die Viehzucht als Hauptbeschäftigung betrieben, am besten lebten, wenn sie zum Frühstück Polenta mit entrahmter Milch assen. Gemüsepolenta ist eine Ableitung der klassischen Polenta und eignet sich auch sehr gut als Beilage zu geschmortem Zicklein.

300 ml Geflügelbouillon, 20 g Butter, 120 g Maisgriess, 1 Eigelb, 1 EL geriebener Parmesan, Salz, Pfeffer, geriebene Muskatnuss.

Als Einlage gekochtes Gemüse nach Wahl:
feine grüne Bohnen, Karotten, Erbsen, gebratene Champignons und Steinpilze

Die Bouillon mit Butter in einem flachen Topf aufkochen, den Mais einrühren und etwa 30 Minuten kochen lassen. Vom Feuer ziehen und Eigelb, Parmesan und die Gewürze unterrühren.

Eine geölte Terrinenform mit Klarsichtfolie auslegen und mit Polenta dünn ausstreichen. Die Gemüse und Pilze mit etwa der Hälfte der Polenta vermengen, darin verteilen und mit dem Rest der Masse zudecken. Die Form beschweren und kalt stellen. Vor dem Servieren die Polenta in Scheiben schneiden und in Butter braten.

Schwarze Polenta

Polenta nera

Buchweizen, das *grano saraceno* – in Teilen Deutschlands «Heidenkorn» genannt –, wird heute noch teilweise im Veltlin *(Valtellina)* angepflanzt. Bei uns bezieht man das Buchweizenmehl vorwiegend aus Reformhäusern. In dem Grotto von Gentilino wird aus dem dunklen Griess eine graubraune Polenta nera gekocht. Traditionsgemäss wird sie am Allerseelentag zu einem köstlichen Schmorbraten serviert.

350 g Buchweizenmehl, 100 g Bramatamais,
1/4 Liter Hühnerbouillon, 200 g Kochbutter,
2 Knoblauchzehen, 4 Salbeiblätter,
200 g fetter Tessiner Formagella
(kleiner, weicher Ziegenkäse)

Buchweizenmehl und Mais in die kochende Hühnerbouillon geben. Unter öfterem Rühren etwa 30 Minuten kochen.
In einer Kasserolle die Kochbutter zergehen lassen und die zerdrückten Knoblauchzehen und die Salbeiblätter beifügen. Wenn die Butter nussbraun ist, Salbei und Knoblauch entfernen.
Die noch warme Polenta in grosse Scheiben schneiden und auf beiden Seiten braten, bis eine schöne Kruste entsteht. Formagella in Scheiben schneiden und auf die Polenta legen. Die Kasserolle mit dem Deckel schliessen, bis der Käse schmilzt.

Schwarze Käsepolenta mit Luganighe

Taragna

Heute ist es etwas ganz Besonderes, wenn in einem Grotto die Polenta in einem Kupferkessel über dem Feuer zubereitet wird. Dass man aber die Polenta bis Ende des 18. Jahrhunderts nur mit Buchweizenmehl zubereitet hat, weil Mais im Tessin noch gar nicht eingeführt war, dürfte nur wenigen bekannt sein.

2 Liter Wasser, 1 EL Salz, 400 g Buchweizenmehl, 100 g Maisgriess, 150 g Butter, 200 g Formagella *(Tessiner Ziegenkäse).*
4 luganighe *(Schweinsbratwurst), 2 Zwiebeln, Olivenöl oder Butterschmalz*

Wasser und Salz in einem grossen Topf zum Siedepunkt bringen. Buchweizenmehl und Maisgriess langsam einrühren. Unter ständigem Rühren etwa 1 Stunde kochen lassen. Wird die Polenta zu dick, nach Belieben mit Wasser verdünnen.

Die Butter darunterziehen und weitere 10 Minuten kochen lassen. Formagella in Würfel schneiden, dazugeben und dabei kräftig umrühren.

Die Polenta auf ein Holzbrett stürzen und mit einem Leinentüchlein bedeckt auf den Tisch bringen. Mit einer Schnur zerteilen und auf Tellern anrichten.

Dazu grillierte Luganighe mit geschnittenen und in Öl oder Butterschmalz angedünsteten Zwiebeln servieren.

Wurstrisotto mit Grappa

Risotto con grappa e Luganighetta

Die *Luganighetta* ist eine typische Tessiner Schweinsbratwurst, die zu einer Spirale aufgerollt und mit einem Spiesschen fixiert wird. Sie wird meistens auf dem offenen Feuer grilliert.

40 g Butter, 1 Zwiebel, 1 Knoblauchzehe, 250 g Arborio-Reis, 250 g Luganighetta, 80 g Tomaten, 1 Bund Petersilie, 2 Salbeiblätter, 600 ml Hühnerbouillon, 30 ml Grappa, Salz, Pfeffer aus der Mühle, 80 g geriebener Sbrinz

Die Butter in einer Kasserolle schmelzen lassen, gehackte Zwiebel und gepressten Knoblauch beifügen und glasieren. Den Reis dazugeben und mitglasieren. Die Luganighetta zerkleinern und mit dem Reis andünsten.
Die Tomaten würfeln, die Kräuter hacken, beides beifügen und mit der Bouillon auffüllen. Bei kleinem Feuer etwa 18 Minuten kochen lassen.
Kurz vor dem Servieren Grappa dazugiessen, abschmecken und den Sbrinz daruntermischen.

Risotto mit Tessiner Bratwurst

Risotto con salsiccia nostrana

Im Tessin war der Risotto lange Zeit ein typisches Sonntagsgericht. Ein Sonntag ohne Risotto ist im Mendrisiotto noch heute kein richtiger Sonntag.

Unser Gericht ist eine typische Spezialität für die Zeit der Hausschlachtung oder «Metzgete», der *mazza*. Dann wird die *salsiccia*, die rassig gewürzte Tessiner Schweinsbratwurst, ganz frisch in grossen Mengen hergestellt.

Noch bekannter ist der Safranrisotto. Sein Ursprung liegt in der Lombardei, und die einfache Zubereitung ist auf Seite 82 beschrieben.

30 g Rindermark, 1 gehackte Zwiebel, 400 g Salsiccia, 400 g Arborio-Reis, 200 ml Merlot, 2 Liter Hühnerbouillon, 2 Salbeiblätter, 40 g Butter, 50 g geriebener Parmesan

Das Mark zergehen lassen und die Zwiebel darin dämpfen. Die enthäutete Wurst mit der Gabel zerdrücken, zu den Zwiebeln geben und kurz mitdämpfen.

Den Reis dazugeben, mit Merlot ablöschen. Mit der Bouillon auffüllen, Salbei beifügen und etwa 20 Minuten auf kleinem Feuer kochen lassen.

Frische Butter darunterziehen. Kurz vor dem Servieren die Salbeiblätter entfernen und den Käse untermischen.

Nachspeisen

Bittermandelgebäck

Amaretti

Wer kennt sie nicht, diese typischen Mandelmakronen, die oft zu einem Espresso oder Cappuccino gereicht werden. In verschiedenen Rezepten wie der *torta di pane* (Brottorte) dürfen Amaretti einfach nicht fehlen.

350 g süsse Mandeln, 50 g Bittermandeln (oder Variante: 400 g süsse Mandeln, 2–3 Tropfen Bittermandelessenz), 400 g Zucker, 2–3 Eiweiss, Puderzucker

Die Mandeln in kochendem Wasser überwallen lassen, abschütten, schälen und im Ofen bei mittlerer Hitze trocknen. Nach dem Erkalten die Mandeln im Mörser fein zerstossen.

Zucker und Eiweiss (bei der Variante: mit der Bittermandelessenz) zu steifem Schnee schlagen. Die zerstossenen Mandeln vorsichtig darunterziehen.

Ein Backblech mit Pergamentpapier auslegen.

Nussgrosse Häufchen formen, darauflegen und bei 80–120 °C ungefähr 20–30 Minuten trocknen lassen.

Wählen Sie nach Ihrem Geschmack und Gutdünken Temperatur und Zeit selbst, je nachdem wie gebräunt die fertigen Amaretti aussehen sollen.

Die Amaretti vorsichtig herausnehmen und mit Puderzucker bestreuen.

Brandteigkrapfen San Giuseppe

Tortelli di San Giuseppe

Das Tessin als katholischer Kanton feiert oft noch seine Schutzheiligen. Meistens sind diese Festtage auch mit einem kulinarischen Fest verknüpft. Die Tortelli di San Giuseppe wurden früher am Sankt-Joseph-Tag zubereitet. Man kann sie auch füllen mit Apfelwürfeln, Sauerkirschen oder Orangenstücken, und am besten schmecken sie warm. Eine besondere Variante besteht darin, die Tortelli auf einer Weinschaumcreme, einer *zabaione* zu servieren.

1/2 Liter Wasser, 100 g Butter, Salz, 100 g Zucker, 300 g Mehl, Abrieb von 1 ungespritzten Zitrone, 8 Eier, Schweineschmalz oder Fritierfett zum Ausbacken, Puderzucker

Das Wasser mit Butter, Salz und Zucker in einer Pfanne aufkochen. Das Mehl im Sturz beifügen, auf kleinem Feuer rühren, bis sich der Teig von der Pfanne löst.
Den Teig in eine Schüssel geben und die Zitronenschale zufügen. Die Eier einzeln beigeben und gut verrühren. 6 Stunden ruhen lassen.
Kleine Kugeln formen und im heissen Fett goldgelb fritieren. Die Tortelli abtropfen lassen und mit Puderzucker bestreuen.

Brottorte

Torta di pane

Torta di pane ist der typischste Tessiner Kuchen. Früher als Kuchen der Armen aus Brotresten, Weinbeeren und Gewürzen zubereitet, gehört er heute zu jedem festlichen Essen. Jede Tessiner Hausfrau hat ihr eigenes, wie ein Geheimnis gehütetes Rezept.

1/2 Vanillestengel, 1 Liter Milch, 250 g altbackenes Brot, 100 g Amaretti, 3 Eier, 1 Prise Salz, 180 g Zucker, 1 TL abgeriebene Zitronenschale, 50 g feingehacktes Orangeat, 50 g feingehacktes Zitronat, 50 g gewaschene Sultaninen, 100 g geschälte und geriebene Mandeln, 1 Prise Muskatnuss, 1 TL Zimt, 80 g geriebene dunkle Schokolade, Butter, 3 EL Paniermehl, 50 g Pinienkerne

Den aufgeschnittenen Vanillestengel in Milch aufkochen und über das Brot giessen. Zugedeckt 3–4 Stunden stehen lassen.
Die Amaretti zerkleinern, unter die Brotmasse heben und einige Minuten aufweichen lassen, anschliessend durch ein Sieb streichen.
Eier, Salz und Zucker zu einer homogenen Masse aufschlagen und alle Zutaten – ausser Paniermehl und Pinienkernen – beigeben.
Brotmasse und Creme zusammen zu einem Teig verarbeiten. Eine Kuchenform von 25 cm Durchmesser ausbuttern und den Boden mit Paniermehl bestreuen. Die Teigmasse einfüllen und die Pinienkerne darüberstreuen.
Im vorgeheizten Backofen bei 180 °C etwa 1 1/2 Stunden backen.
Dieser herzhafte Kuchen ist sehr feucht und kann gut einige Tage aufbewahrt werden, ohne dass er austrocknet.

Feigensalami

Salame di fichi

Es ist fast selbstverständlich, dass die Schweizer Sonnenstube mit ihrem milden Klima südländische Früchte gedeihen lässt. So wundern wir uns nicht, wenn wir Feigenbäume in Locarno oder Lugano antreffen mit saftigen Früchten, die am besten in ihrer vollen Reife schmecken. Doch für den Winter werden die Feigen meistens getrocknet. Und so werden sie immer wieder zur Herstellung von Kuchen oder sonstigen Backwaren verwendet.

Für den Teig: *200 g Mehl, 2 Eigelb, 100 g Butter, 50 g Zucker, 2 EL Rahm.*
Für die Feigen-Nuss-Masse: *300 g getrocknete Feigen, 80 g Baumnusskerne (Walnusskerne), 40 g Mandelkerne, 40 g Haselnüsse, 100 g Mehl, 100 g Zucker, 2 Eiweiss. Kristallzucker*

Aus Mehl, Eigelb, Butter, Zucker und Rahm einen Mürbteig herstellen, am besten mit kühlen Händen geknetet. Den Teig zugedeckt und kühl ruhen lassen, bis die folgende Zubereitung fertig ist.

Für die Feigen-Nuss-Masse: Die Feigen in grobe Würfel schneiden. Die Nüsse und Mandeln nicht zu fein zerkleinern und mit den Feigen in einer Schüssel vermischen. Mehl, Zucker und das geschlagene Eiweiss darunterrühren.

Den Teig ausrollen und auf eine gebutterte Alufolie legen. Die Feigen-Nuss-Masse auf den Teig streichen und einrollen. Die Enden der Folie gut andrücken. Die Rolle im Ofen bei 180–200 °C etwa 60 Minuten backen. Im warmen Zustand auf der Folie mit Kristallzucker bestreuen und dabei vorsichtig wenden. Erkalten lassen und in Scheiben schneiden.

Süsser Kastanienauflauf

Castagnaccio dolce

Der *castagnaccio* hat seinen Ursprung in der Toskana. Man trifft ihn aber auch im Tessin an. Speziell im Maggiatal wird er süss – wie im Rezept – oder salzig, mit Roggenmehl vermischt, und in Fladenform auf flachen Steinplatten gebacken.

400 g getrocknete Edelkastanien, 400–500 ml Milch, 1 Vanillestengel, 3 Eier, 50 g Butter, 80 g Zucker, 2 EL Grappa, Puderzucker

Die Kastanien über Nacht in Wasser einweichen, am nächsten Tag abtropfen lassen.

Die Milch mit dem aufgeschnittenen Vanillestengel aufkochen, Kastanien beifügen und 30–40 Minuten weich kochen.

Die heissen Kastanien durch ein *passevite* (Metallsieb mit Handkurbel) oder ein Haarsieb treiben.

Die Eier trennen. Den Kastanienbrei in einer Schüssel mit weicher Butter, Zucker und Grappa gut verrühren, dann die Eigelb darunterziehen. Gut auskühlen lassen. Eiweiss steif schlagen und unter die Masse ziehen.

Alles in eine gebutterte Kastenkuchenform (Cakeform) füllen und im Ofen bei 180–200 °C 20–30 Minuten backen. Vor dem Servieren mit Puder- und Kristallzucker bestreuen.

Kastaniendessert

Spuma di castagne

Ein festtäglicher Nachtisch, der eine Tessiner Tafel im Herbst abrundet. Noch besser schmeckt die Spuma di castagne, wenn man frische Edelkastanien verwendet und sie kocht, schält und passiert.

1 kg Edelkastanienpüree, 120 g Mascarpone, 4–5 EL Kirschwasser, 80 g Zucker, 60 g Butter, 200 g Amaretti, 100 ml Rum.
Zum Garnieren: *150–200 ml Rahm, Kirschen in Grappa eingelegt*

Das fertige Kastanienpüree in eine Schüssel geben und mit Mascarpone und Kirsch gut verrühren.
Zucker und Butter in separater Schüssel schaumig schlagen und unter das Kastanienpüree ziehen.
Die Amaretti im Rum tränken.
Eine runde Springform mit Klarsichtfolie auslegen, buttern und mit den getränkten Amaretti auskleiden. Die Kastanienmasse einfüllen, gut andrücken und mit den restlichen Amaretti zudecken. Über Nacht in den Kühlschrank stellen.
Das Dessert auf eine Platte stürzen und mit geschlagenem Rahm und Kirschen garnieren.

Kastanienravioli

Tortelli di castagne

Kreative Köchinnen und Köche verwandelten die Edelkastanie in leckere Gerichte. Unser Rezept gehört der jüngeren Generation an. Zu diesen Tortelli, die wie salzig gefüllte Ravioli aussehen, passt eine Ratafià-Zabaione (Rezepte S. 180 und 184) ausgezeichnet.

Für die Füllung: *250 g gekochte Edelkastanien, 1 EL Pflaumenmarmelade, 20 g Sultaninen, 1 EL geriebene Haselnüsse, 1 EL gezuckerter Kakao.*
Für den Teig: *300 g Mehl, 1 TL Zucker, 1 Prise Salz, 5 g Hefe, 25 g Butter, 2 Eier.*
Etwas Eiweiss, etwas Puderzucker oder Zimtzucker zum Bestreuen

Die gekochten, geschälten Kastanien durch ein *passevite* (Metallsieb mit Handkurbel) oder Haarsieb treiben und mit den restlichen Zutaten gut vermischen. Etwa 1 Stunde kühl stellen.
In der Zwischenzeit den Teig zubereiten: Das Mehl zu einem Kranz formen. Zucker, Salz und Hefe in die Vertiefung geben. Die aufgeweichte Butter und die Eier dazugeben. Alles zu einem Teig wirken, der 30–40 Minuten in der Wärme ruht.
Anschliessend 2–3 mm dünn auswallen und mit einem Ausstecher runde Plätzchen von etwa 5 cm Durchmesser ausstechen.
Auf die Mitte der Plätzchen etwas Füllung legen, den Rand mit Wasser oder Eiweiss bestreichen, ein zweites Teigplätzchen darüberlegen und gut andrücken.
Die Ravioli in leicht gesalzenem Wasser wenige Minuten sieden, herausnehmen, auf Haushaltpapier oder einem Tuch trocknen, mit wenig Puderzucker oder Zimtzucker bestreuen und auf einer Zabaione servieren.

Kirschenravioli

Ravioli di ciliege

Dass man Ravioli nicht nur mit Fleisch, Quark oder Spinat füllen kann, ist seit der Revolution der neuen Küche bekannt. Ravioli, mit einer Frucht gefüllt, sind aber heute immer noch nicht alltäglich. Lassen Sie sich von dieser etwas snobistischen Abart überraschen.

Für den Ravioliteig: *200 g Mehl, 2 Eigelb, Salz, etwas Rosenöl und Wasser.*
Für die Füllung und die Garnierung: *1 kg saftige, schwarze Kirschen, 200 ml Himbeercoulis (durchgeseihte Himbeersauce), 10 g Butter, 40 g geriebene Haselnüsse, 1 EL Hagelzucker*

Aus Mehl, Eigelb, Salz, Rosenöl und Wasser einen glatten Teig herstellen, der etwa 1 Stunde ruht.

Die Kirschen waschen, abtrocknen und entsteinen.

Den Teig mit der Maschine oder dem Nudelholz auswallen. Mit einem Ausstecher runde Plätzchen ausstechen. 3–4 Kirschen auf ein Plätzchen legen und mit einem zweiten zudecken, fest andrücken.

In leicht gesalzenem Wasser die Ravioli langsam sieden lassen. Wenn sie obenauf schwimmen, mit einer Schaumkelle herausnehmen und gut abtropfen lassen.

Himbeercoulis auf 4 Teller ausgiessen. Die Ravioli darauf anrichten. Mit in Butter gerösteten Haselnüssen und Hagelzucker bestreuen.

Als Füllung eignen sich gut auch Himbeeren, Datteln, Maronenpüree und andere Früchte.

Pfirsiche in Rotwein

Pesca al'Merlot

Rotweinschaum

Rosümada

Pfirsiche in Rotwein
Ein sommerliches, kühl erfrischendes Dessert als Abrundung eines Mahles.

60 g Zucker, 300 ml Merlot del Ticino, 100 ml Orangensaft, 4 reife Pfirsiche, 8 Minzeblätter

Zucker, Merlot und Orangensaft miteinander verrühren und aufkochen lassen. Kühl stellen. Die Pfirsiche halbieren, entsteinen, in Scheiben schneiden und in eine Schüssel geben. Mit der kalten Flüssigkeit und geschnittener Minze übergiessen. 2–3 Stunden im Kühlschrank marinieren lassen.
In tiefen Tellern anrichten und zum Beispiel mit Löffelbiskuits servieren.

Rotweinschaum
Die Rosümada ist eine Variante der Zabaione aus den Tessiner Bergregionen. Die Bergbauern trinken sie morgens, bevor sie zum Heuen gehen. Die Rosümada passt sehr gut zu Pfirsichkompott.

100 g Zucker, 5 Eier, 300 ml Rotwein (Merlot oder Nostrano)

Zucker und Eier mit der Hälfte des Weines im warmen (höchstens 85 °C) Wasserbad aufschlagen. Den restlichen Wein nach und nach einrühren, bis ein Schaum entsteht.
Rosümada kann warm oder kalt in Gläsern serviert werden.

Schokoladenkuchen mit Zucchetti

Cake al cioccolato e zucchine

Was für den Aargauer die Rüeblitorte, ist für den Tessiner sein Zucchetticake. Eine köstliche Harmonie zwischen Schokolade und Gemüse kommt zustande, die durch ihre Saftigkeit überzeugt.
Dieser Kuchen schmeckt am besten, wenn man ihn 24 Stunden ruhen lässt.

150 g Butter, 200 g Zucker, 1 Prise Salz, 3 Eier, 200 g Zucchetti (Zucchini) mit Schale, 100 g gehackte Schokolade, 50 g geriebene Mandeln, 200 g Mehl, 1 TL Backpulver, Butter für die Form

Butter, Zucker und Salz schaumig rühren. Die Eier beifügen und weiter schlagen.
Die Zucchetti mit einer Röstiraffel grob reiben und mit den restlichen Zutaten – ausser dem Mehl und Backpulver – vermischen.
Das gesiebte Mehl mit Backpulver unter die Masse mischen. Den Teig in eine gut gebutterte Kastenkuchenform (30 cm Länge) füllen und im Ofen bei 180 °C 50–60 Minuten backen.

Weinschaumcreme

Zabaione – Zabaglione

Zabaione ist ein köstliches Dessert aus Italien. Sie kann mit verschiedenen Weinen, Rotwein oder Weisswein, aber auch mit Apfelsaft zubereitet werden. Die Zabaione dient auch als Stärkung für Kranke. Sie sollte warm serviert werden, am besten in den typischen *boccalini* (kleine Krüge).

3 Eigelb, 1 Ei, 80 g Zucker, 1 TL Zitronenabrieb, 200 ml weisser Merlot, 4–5 EL Marsala

Eigelb, Ei, Zucker und Zitronenschale in einer Chromstahlschüssel im warmen Wasserbad schaumig schlagen. Den weissen Merlot und Marsala beifügen und weiter rühren, bis eine schaumige Masse entsteht.
Die Masse darf keinesfalls zu heiss werden, sonst gerinnt sie!
Zabaione in vorgewärmte Gläser oder Krüglein abfüllen und sofort servieren.
Dazu passt ausgezeichnet ein leichter Keks oder ein Biskuit.

Holundersirup

Sciroppo di sambuco

Mit den zart duftenden Holunderblüten werden im Frühling Torten gewürzt und durststillende Limonaden zubereitet. Aus den schwarzen Beeren macht man im Sommer köstlichen Sirup und feine Konfitüren.

500 g Holunderbeeren, schwarz und vollreif,
Zucker

Mit einer Gabel die Holunderbeeren von den Stielen streifen. Die Beeren in eine Pfanne geben und mit einer Tasse Wasser zudecken. 10 Minuten leise kochen lassen.

Durch ein feines Küchentuch passieren und den Saft auffangen. Die Saftmenge abmessen und wiegen und Zucker von Dreiviertel dieses Gewichtes beigeben.

Den Sirup etwa 20 Minuten kochen lassen, heiss in Flaschen abfüllen. Die gut verschlossenen Flaschen rund 3 Wochen vor Licht geschützt aufbewahren.

Dann kann der Sirup mit beliebig viel Wasser und Eiswürfeln genossen werden.

Likör aus grünen Nüssen und Grappa

Ratafià

Einst von den Kapuzinermönchen des Klosters Bigório erfunden, wird dieser Likör heute von vielen Familien im Tessin selber zubereitet. Damit er später seine beinahe medizinische Wirkung entfalten kann, müssen nach einem alten Aberglauben die Nüsse in der Nacht des San Giovanni, des Johannestags am 24. Juni, eingesammelt werden. Danach wird er mit den grünen Nüssen, mit Kräutern und Grappa angesetzt, anschliessend lässt man ihn vierzig Tage in der Sonne gären und vierzig Tage im Schatten reifen.

1 Liter Grappa, 300 g grüne Nüsse mit Schale, 250 g grobkörniger Zucker, 20 g Vanillezucker, 2 Nelken, geriebene Muskatnuss, 1/2 Zimtstengel, 2–3 Blätter Farnkraut

Alle Zutaten mit dem Grappa in eine grosse Flasche abfüllen und verschliessen. Wie oben beschrieben gären und reifen lassen. Nach dieser Zeit wird der Likör filtriert und in Flaschen abgefüllt.
Dieser Nusslikör eignet sich als Verfeinerung für verschiedene Süssspeisen, zum Beispiel für Vanilleeis, *gelato di vaniglia al Ratafià*.

Die Rezepte nach Gruppen

Soweit in den Rezepten nicht anders angegeben, sind die Zutaten für vier Personen berechnet.

Vorspeisen

Suppen und Eintöpfe

Fleischgerichte

Wild, Geflügel und Pilze

Fisch

Gemüse, Getreide, pikante Kuchen, Teigwaren

Nachspeisen, Sirup und Likör

Die Rezepte alphabetisch

Bildquellen

Bilderberg: 17, 24 o. (Ellerbrock & Schafft); 24 u., 29 r., 38 (Milan Horacek)
Edmond van Hoorick: 5, 13, 14/15, 18/19, 28/29
Prisma: 30 (Brännhage); 33 u., 37 (Diador)
Marco Schneiders: 10
Ullrich-Jürgen Schönlein: 7, 27
Sirius Bildarchiv: 40/41, 42/43, 46–185 (Hans Joachim Döbbelin)
Hans Peter Soltermann und Robert Wälti: 9 (2), 22 (2), 23, 33 o.
Rainer B. Wiederkehr: 2, 35

Reproduktion: Otterbach Repro, Rastatt
Satz: Setzerei Lihs, Ludwigsburg
Druck: Graphische Betriebe Eberl GmbH, Immenstadt
Papier: 135 g/m² BVS der Papierfabrik Scheufelen, Lenningen
Bindearbeiten: Sigloch Buchbinderei, Künzelsau
ISBN 3-89393-051-5